KB057378

총람

매 천 야 록

梅泉野綠

편저 정동호

梅泉黄玹先生像

법문북스

책을 읽기 전에

매천야록에 수록된 47년간의 기록은 몇몇 사건에 중점을 두어 기록한 것이 아니라 국정 전반에 초점을 두어 다루었고 우리나라를 둘러싼 국제 관계도 빠짐없이 기록하여 근대사(구한말)의 중요한 자료로 활용되고 있어 일반 독자들이 쉽게 볼 수 있도록 한글로 편역하여 한 권의 책으로 만들었다.

한글로 편역하는 과정에서 다소 미흡한 점은 있으나 일반적인 독자들이 쉽게 볼 수 있도록 하였다.

고종의 즉위와 때를 같이한 흥선대원군의 집정으로 인한 안동김씨의 몰락과 대원군의 10년 집권에 있었던 갖가지 정치적 득실. 민비와 대원군과의 알력. 민비와 그의 척족의 난정. 외세의 침투. 임오군란과 청국의 간섭. 개화당이 주도한 갑신정변의 시말, 청, 일 양국 간의 각축. 청일전쟁의 반발. 갑오경장. 을미사변. 러시아의 세력의 침투. 아관파천. 러시아와 일본의 각축. 노, 일 전쟁의 발발. 을사보호조약. 일본의 간계. 친일

파의 매국행위. 국권수호를 위한 의병의 활동과 지사
의 의거. 탐관오리의 비행 등 포괄적으로 상세하게 기
록되어 있어 많은 부분이 근대사(구한말)의 연구에 귀
중한 자료가 되고 문호개방 이후 일제에 의해 합병되
기까지의 국내실상과 일본이 청국과 러시아의 세력을
물리치고 우리나라를 침략하는 과정을 일목요연하게
나열했다고 볼 수 있다.

매천야록의 연대

　매천야록은 1864년(고종 원년)부터 1910년에 이르는 47
년간의 정치 경제 사회 문화 전반에 걸쳐서 매천 자신이 기
록하였으나 1910년 8월 22일 합방조약이 강제로 체결된
후부터 매천이 스스로 목숨을 끊을 때까지 10여 건의 끝부
분은 그의 문인 고용주가 추기한 것이다.
　고종 원년부터 동 30년까지의 기록은 연대에 비해 기사가
그 후보다 많지 못하며 전 7책 6권 중 1책 반에 불과하며 동
31년 갑오부터 융희 4년 경술까지 15년간에 해당되는 기록
5책 반이나 되는 많은 분량이다. 체제에 있어서도 갑오 이
전은 수문수록하여 연대순으로 배열하느라고 하였으나 명
확한 연월이 표시되어 있지 않을 뿐 아니라 사건내용에 있
어 연대순이 바뀐 것도 없지 않다. 그러나 갑오 이후의 기
록은 편년체로 기술하여 연월일 순으로 되었다.

원책은 7책 6권으로 되었으며 각책 권별 연대는 다음과 같다.

제 1책 권1 상, 고종 원년 갑자부터 동 24년 정해까지
제 2책 권1 하, 고종 25년 무자부터 동 30년 계사까지
          권2, 고종 31년 갑오 정월부터 동년 6월까지
제 3책 권2, 고종 31년 갑오 7월부터 광무 2년 무술까지
제 4책 권3, 광무 3년 기해부터 동 7년 계묘까지
권 5책 권4, 광무 8년 갑진부터 동 9년 을사 10월까지
권 6책 권5, 광무 9년 을사 11월부터 융희 원년 정미 7월까지
권 7책 권6, 융희 원년 정미 8월부터 동 4년 경술 8월까지

황현의 일대기

매천 황현은 철종 6년(1855)에 태어났다.

이 시기는 외척의 세도정치가 만연하여 국정은 날로 어지러워지고 정치가 혼란스러워 경제 질서는 날로 파괴되어가고, 파괴된 경제의 혼란은 사회혼란을 부추겨 민심의 혼돈을 급증시켰다.

이 시기에 외세에 의한 강제적인 문호개방은 결과적으로 우리나라 자신이 국론을 타개하기 어려운 지경으로까지 몰고 가게 되었고 외국을 배경으로 근대화를 추진해 보겠다는 개화의 움직임은 그것을 서위하기에 앞서 역이용되고 평등을 전제로 한 각국과의 통상조약은 서구의 기술문명을 받아들여 부국강병을 하기 전에 불평등 외교로 전락되고 국권의 침해를 받게 되는 현실로 나타나고 말았다.

시국을 간파한 매천은 정사에 뜻을 두려하지 않았으나 양친의 명을 거역할 수 없어서 상경하여 과거에 응시, 생원회시에 장원급제하였다. 그러나 끝내 벼슬에 몸담기를 꺼려하고 귀향하여 두문불출 학문연구에만 골몰하였다.

때로는 중앙정계 고관직에 있는 지우들이 서신을 보내 상경하여 함께 국사를 돌볼 것을 간청한 바도 있었으나 그는 탁류에 휩쓸려 미친 사람의 행세를 하기 싫다고 거절하였다.

청국과 일본이 청, 일 전쟁을 일으켜 청국이 패하자, 러시아 세력이 밀려와 일본과 노, 일 전쟁을 유발하여 러시아가 패하니 한반도는 일본의 독무대가 되었다. 그러자 일본은 소위 보호조약을 체결하고 우리나라의 외교원을 빼앗자, 매천은 청국으로 들어간 창강 택영을 따라 입청하려 하였으나 뜻을 이루지 못했다.

그는 현실의 괴로움을 달래기 위해 옛날 중국 난세 때 몸을 깨끗이 하였던 열 사람을 뽑아 그들의 행적을 그림으로 그리고 시를 곁들여 열 폭짜리 병풍을 만들어 둘러치고 보며 자신을 격려하였으나 1910년, 나라가 일본에게 병합되자, 더 이상 울분을 참지 못하고 동년 9월 10일 유시를 남기고 다량의 아편을 복용, 자결하여 망국의 원한을 품은 체 원혼이 되고 말았다.

차 례

제 **1** 권

매천야록

갑오이전

갑오이전1

　　조선 때 천문. 지리. 책력. 측후. 각루 등의 사무
를 맡아보던 관상감을 다른 말로 서운관이라고도 한다. 고
종이 왕위에 오르기 전까지 이곳에서 살았다고 하여 운현
궁이라고 했다.　철종 초기 장안에 두 가지 소문들이 나돌
았다. 하나는 관상감 터에는 성인이 나온다고 했고, 운현궁
에는 왕기가 서려있다고 했다. 그런 뒤에 고종이 탄생했다.

갑오이전2

　　청도에 유명한 관상가 박유붕이 있었다. 그는
자신이 자신의 관상을 본 후 한쪽 눈이 애꾸가 되어야 출세
길이 열린다는 점괘로 스스로 한쪽 눈을 찔러 애꾸가 되었
다. 그런 후 애꾸 점쟁이로 이름을 떨치고 있었다. 어느 날
고종의 얼굴을 보는 순간 깜짝 놀라며 주위 사람을 물리치
고 나지막이 말했다.

"틀림없이 임금이 되실 분입니다. 이 말을 누구에게도 해
서는 안 됩니다."

　이런 인연으로 박유붕은 고종이 임금으로 즉위한 다음 해
에 남양부사로 발탁되어 수사함(정3품)까지 올랐다.

갑오이전3

　　김조순은 철종의 장인(국구)으로 자하동에 살다가 권세를 잡은 후 교동으로 이사했다. 사람들의 발음에 따라 자하동이 '자동' 혹은 '장동' 으로 들렸다. 그는 국명을 임금 대신에 집행했으며, 나아가 3대에 걸쳐 임금과 혼인을 맺어 권세를 누렸다.

　이 때문에 안동 김씨를 속칭 '장김(장동에 사는 김씨 집안)' 이라 불렀다. 김조순이 죽고 그의 아들 유근과 좌근을 비롯해 손자 병기까지 교동에 살았다. 김문근 역시 철종의 장인이 되었지만 그의 아들 병필이 나이가 어려 조정에 나아가지 못했지만 조카 병학과 병국은 정사에 참여하고 있었다. 이들은 전동에 살고 있었는데 김병기와 함께 권세를 휘둘렀다. 따라서 서울하면 '전동과 교동' 으로 알고 있을 정도로 유명했다.

갑오이전4

1864년(갑자년, 고종 원년) 철종이 죽자 뒤를
이을 후사가 없었다. 생전의 철종은 고종에게 대를 잇게 한
다는 뜻을 품고 있었다. 임금의 마음을 알아차린 장동 김씨
들은 고종을 추대하자고 하였다. 그러자 김흥근은 "고종
뒤에는 흥선군이 있어 두 임금이 존재하는 것이나 같다. 두
임금을 섬긴다는 것은 어불성설이다."고 말했다.

김병학은 김씨 집안의 안위를 위해 자기의 딸을 왕후로
간택해야겠다고 문중에 말한 뒤 흥선군을 만나 언약을 했
다. 그러나 고종이 왕위에 오름과 동시에 흥선군은 대원군
으로 존칭이 높아졌고, 그와의 약속을 어기고 민치록의 외
동딸(명성황후)과 국혼을 하고 말았다. 그 후 흥선군으로부
터 왕후를 약속 받았던 김병학의 딸은 조신희와 혼인했다.

갑자년 초부터 대원군은 점차적으로 정권을 손아귀에 넣
으려는 것을 눈치 챈 김흥근은 이를 못마땅하게 여겨 조회
석상에서 큰소리로 말했다.

"예로부터 국왕의 사친은 정사에 참여하는 것이 아니다.
사친은 사제로 돌아가 죽을 때까지 부귀를 누리면서 편안
하게 사는 것이 옳다."

그렇지만 대원군이 권력을 잡자 인위적으로 장동 김씨들
을 배척했으며, 그들 중에서도 김흥근을 가장 미워했다. 결
국 그의 땅 수십 경을 강제로 빼앗아버렸다. 또한 김흥근은

북문 밖 삼계동에 장안에서 가장 아름다운 별장을 소유하고 있었다. 대원군은 그의 별장을 팔 것을 요구했지만 김흥근에겐 쇠귀에 경 읽기였다. 그래서 대원군은 하루만이라도 빌려줄 것을 재차 요청했다. 그러자 김흥근은 대원군의 강권에 어쩔 수 없이 허락하였는데 대원군은 고종을 청해 이곳에 함께 왔다. 얼마 후 고종이 함께 다녀갔다는 말에 김흥근은 이렇게 푸념했다.

"상감이 와서 놀다간 곳을 감히 신하가 놀 수 없다."

이 말과 함께 이곳에 출입하지 않으면서 결국 대원군의 소유가 되었다.

갑오이전5

집권 후 어느 날 대원군은 공회석상에서 여러 대신들을 향해 물었다.

"천리를 끌어다가 지척을 삼겠으며, 태산을 깎아내려 평지를 만들고, 남대문을 3층으로 높이려는데 공들은 어떻게 생각하오?"

그러자 대신들은 답을 찾지 못해 쩔쩔매고 있을 때 김병기가 "천리 또한 지척이면 지척이겠고 남대문을 3층으로 높이면 3층이 되는 것이지, 지금 대감께서 못할 일이 무엇이 있겠소. 그렇지만 태산은 그 자체가 태산인 것을 어찌 평지로 바꿀 수 있겠소"라고 말한 뒤 자리를 박차고 나가 버렸다. 그러자 대원군은 물끄러미 그의 행동을 지켜보다가 한참 후에 말하기를 "그놈 참, 스스로 너무 잘난 체 하는 것 같아"라고 했다.

대원군은 말뜻은 천리지척이란 것은 종친(임금의 친척)을 높인다는 말이고, 남대문 3층이란 말을 천거하겠다고 말이다. 또 태산을 평지로 만들겠다는 말은 노론을 억압하겠다는 것이다.

갑오이전6

경복궁은 임진왜란 때 완전히 소실되어 궁궐의 계단과 주춧돌만이 남아 있었다. 대원군은 을축년(1865년, 고종 2년)에 경복궁을 중건하여 수년 후에 준공했다. 그 후 정묘년(1869년, 고종 4년)에 이곳으로 이사를 했다. 경복궁 재건이 시작되면서 나라의 재정을 고갈되었고, 대원군은 강제로 전국 8도 부호들에게 돈을 각출했다. 경복궁 재건을 위해 각출한 돈을 원납전(자원해서 내는 돈)이라고 했지만, 백성들은 원(願)자 대신에 원망할 원(怨)자를 넣어 원납전(원망하면서 억지로 내는 돈)이라며 비아냥거렸다.

갑오이전7

　　원납전 외에 부족한 돈을 징수하기 위해 다양한 방법들이 동원되었다. 서울에서는 문세전이라고 하여 도성 문을 통과할 때 내는 세금이 있었고, 타 지역에서는 인구수를 계산하여 징수하였다. 백성들은 인구수를 계산하여 내는 세금을 신낭전(신낭은 불알인데 불알 단 값으로 내는 세금)으로 불렀다. 또 논과 밭의 넓이가 얼마나 되는가를 계산해 징수하는 전묘세가 있었는데, 백성들은 이것을 수용전(물 값으로 내는 세금)으로 불렀다. 이밖에 부서진 솥과 보습 그리고 가래까지 거둬들였으며 집집마다 근수를 정했다.

갑오이천8

　　남연군 구는 아들 넷을 두었다. 막내가 흥선대
원군으로 그의 나이 18세 때였다. 아버지 남연군이 죽자
묘 자리를 찾기 위해 대원군은 풍수와 함께 덕산에 있는 대
덕사로 갔다. 대덕사에 다다른 풍수는 고탑을 가리키면서
이렇게 말했다.

"저곳이 명당자리인데 다른 사람들에겐 숨겨야 한다."

　그러자 대원군은 집으로 돌아와 자신의 재산을 모두 처분
해 2만 냥을 마련했다. 2만 냥 중 1만 냥을 가지고 대덕사
로 내려가 주지승에게 주면서 절에 불을 지르게 했다. 그날
저녁 절은 화재가 발생해 순식간에 전소되었다.

　그 후 대원군은 상여를 메고 절에 도착했다. 그는 상여를
내려놓고 불타고 남은 자리의 재를 청소하던 중 어느덧 한
밤중이 되었다. 이때 형 세 사람이 꿈 이야기를 했는데 내
용이 모두 똑같았다. 그 내용은 흰옷을 입은 늙은이가 화를
내며 욕설을 퍼부으면서 이렇게 말했다는 것이다.

"나는 이탑의 신인데 너희들은 어째서 내 자리를 빼앗으
려고 하느냐? 순순히 물러나지 않으면 네 형제들의 목숨을
가져갈 것이다."

　이 말을 들은 대원군은 무릎을 치면서 말했다.

"그래요? 그러면 이곳은 정말 명당자리입니다. 인명은 제
천인데 어찌 신이 죽으라고 죽습니까. 그리고 쇠퇴한 종실

을 일으켜 편안함을 영위하는 것이 옳지 않겠습니까? 전 아직 홀몸이라 죽는 것이 두렵지 않사오니 형님들은 참견 하지 마세요."

다음 날 아침부터 탑을 깨뜨렸는데 그곳엔 전체가 커다란 돌이 있었다. 도끼로 돌을 깨트렸지만 오히려 도끼가 튀기 만 했다. 그러자 어린 대원군은 도끼를 치켜들고 허공을 향 해 크게 꾸짖자 두 번 다시 튀지 않았다고 한다.

장례를 치른 대원군은 다른 사람이 이 명당자리를 탐내는 것을 염려해 철 만근을 녹여서 붓고 그 위에다가 흙을 비벼 서 다졌다.

그런 후 불을 지른 주지승과 함께 서울로 돌아오던 중 수 원 대포진을 건널 때였다. 배안에 있던 중이 갑자기 큰소리 를 지르면 발광하다가 물속으로 뛰어들어 죽고 말았다.

사람들은 남연군의 묘가 꿩이 엎드려 있는 형국인 복치형 이라고 말한다. 대원군의 노력으로 얻어진 명당 덕분에 14 년 후 고종이 태어났던 것이다. 고종이 즉위한 갑자년에 대 덕사가 있던 음지에 절을 건축했는데, 보덕사라 이름을 짓 고 토목금벽으로 치장하여 매우 웅장하고 화려했다.

1866년 병인년(고종 3년) 겨울, 독일 상인 오페르트 일당 이 남연군의 묘소를 도굴하기 위해 몰래 침입했다. 이들은 남연군의 묘를 파헤치려고 했지만 쇠붙이가 엉켜 붙어있어 실패하고 무덤에 불만 지르고 도망갔다.

갑오이전9

　　세상을 버리고 산에서 칩거하던 만인이란 사람이 고종이 임금에 오르기 전 잠저를 찾아와 축하하기를 "이분은 후에 중흥의 임금이 되실 인물이다"고 하였다. 갑자년 초, 고종이 즉위한 직후 대원군은 만인이란 사람을 물색한 끝에 찾아서 소원을 물었다. 그러자 만인은 이렇게 말했다.

　　"산에 사는 사람이 무엇을 바라겠습니까? 그저 해인사에 있는 『장경(8만대장경)』 천부만 주신다면 저의 소원이 성취되는 것입니다."

　　대원군은 그의 소원을 들어주기 위해 장경간역사업을 벌였고 만인 스스로 도 이 사업에 종사했다. 간역사업이 모두 끝나고 장경 1천부를 바다에 띄었는데 그것들이 모두 어디로 사라졌는지는 알지 못했다. 또한 8만대장경을 보관하는 경판각엔 새들이 똥을 싸지 않을 정도로 영험이 깃든 곳이 있었는데 만인이 사라진 뒤부터는 그렇지 않았다.

갑오이전10

　　예로부터 진사의 정원을 200명으로 정해 뽑았다. 그러나 1867년 정묘년 (고종 4년)에는 임금의 특명으로 정원에 관계없이 진사를 뽑았다. 이때 왕과 나이가 같은 사람 몇 명을 방목(과거에 급제한 사람의 이름을 기록해 놓은 책) 끝에 붙여 합격시켰다. 더구나 임금의 종친으로서 과장에 들어온 사람은 가까운 친척이건 먼 친척이건 가리지 않고 일률적으로 은전을 뿌렸다. 이때부터 시험장은 불법이 자행되었다.

갑오이전11

　　병인년 이후부터 간간이 대과를 치렀다. 임금은
영을 내려 자신의 종친들에게만 시험에 응할 수 있도록 했
는데 백성들은 이 대과를 종친과라고 비아냥거렸다. 또 대
동보를 만들어 본관이 완산(전주의 옛 이름으로 전주 이씨
를 가리킴)인 이씨들을 전부 넣어 족보가 동일해졌는데 이
들은 모두 사족이었다. 더구나 시골에 사는 비천한 계층의
사람들도 일부러 전주 이씨로 본관을 고쳐 대동보에 가입
하는 사람들이 줄을 이었다. 오래전부터 종친부(조선시대
종실제군의 부)에서 화수회를 열었는데 참석한 인원이
6~7만 명이나 되었다. 이를 본 대원군은 기뻐하면서 이렇
게 말했다.

"나는 나라를 위해 10만 정병을 얻었다."

갑오이전12

신미년 여름, 미국인이 강화도에 침범하자 어재연이 군사를 이끌고 광성보에 들어가 배수진만 쳤지 척후병을 두지 않았다. 적은 안개가 낀 것을 이용해 보를 넘어 난입했다. 적의 기습에 놀란 어재연은 칼을 빼들고 격투를 벌였지만 칼이 부러지는 바람에 연환(쇠사슬)을 움켜잡고 휘둘렀는데 맞아서 쓰러지는 적이 많았다. 그러나 연환이 떨어지자 적들은 창으로 그의 배를 찔렀고 반걸음도 못가서 죽었다. 비록 어재연은 죽었지만 적은 또 다른 군사가 있을 것으로 판단해 두려운 나머지 도망쳤다.

패보에 조정은 발칵 뒤집어졌다. 전사한 어재연은 병조판서에 추증(죽은 다음에 벼슬을 줌)하고 시호(죽은 다음에 왕이 내려주는 칭호)를 충장이라고 하였다. 운구가 돌아올 때 대원군은 조회석상에서 이렇게 말했다.

"어병사의 운구를 맞이하지 않는 자는 모두 천주학자로 취급하겠다."

그의 말에 따라 대신들은 조정을 비우고 출영 나갔는데 거마가 수십 리에 이어지자 어떤 노인이 말했다.

"1813년 계유년(순조 13년) 충장공정시(순조 때 무신, 순조 11년 가산군수가 되고 홍경래의 난에 가산이 제일 먼저 함락되어 아버지와 함께 잡혔지만 항복을 거부하고 살해되었다) 이후에 처음 있는 일이다." 어재연의 동생 재순도 형과 함께 전사했으며 이조참의에 추증되었다.

갑오이전13

　　광해군 때 이이첨이 정권을 잡고 정인홍을 삼공
(영의정, 좌의정, 우의정)의 자리에 앉혔다. 항상 대사를 처
리함에 있어 겉과 속이 통하였으며 유현지론(유학에 정통
하고 연행이 바른 사람을 논함)임을 빙자하여 흉중에 들은
것을 행하였다. 그러자 당국자들은 그것을 표본으로 삼았
는데 정국이 바뀔 때마다 벼슬을 그만두고 은회한 사람들
중에서 추천하여 영수로 삼았다. 비록 현과 간이 똑같지는
않지만 산림(벼슬을 하지 않은 학식과 도덕이 높지만 숨어
서 사는 선비)임을 자칭하는 사람들이 많았다.

　대원군 때 이를 부끄럽게 생각하는 사람이 없었는데 마침
벽계 이항로와 노사 기정진이 '양경항의척사(서양세력의
내침을 항의하며 천주교를 배척함)'의 상소를 올렸다. 이
때 이항로의 상소가 매우 깐깐했는데 당시 사람들은 백년
이래 최고의 상소라고 했다.

　이항로와 기정진은 동시에 그것도 갑작스럽게 발탁되어
서 아경(육조참판)의 벼슬까지 올라갔다. 두 사람의 학술과
문장은 당대를 억압할 수 있었고 입신(출세) 또한 본말(밑
과 끝)이 있었기 때문에 과거처럼 권세있는 사람에게 머리
를 굽실대는 일은 없었다.

갑오이전14

　　철종은 선천적으로 연약하고 아둔하였다. 더구나 장동 김씨의 권력에 휘둘려 관리 한사람을 뽑는데도 스스로 결정할 수가 없었다. 철종은 임금으로 즉위하기 전 이시원(고종 때 이조판서, 홍문관, 예문관 제학을 지냈다. 병인양요 때 강화가 함락되자 울분을 참지 못해 자살했다)과 동향이었다. 당시 이시원이 입버릇처럼 관원이 되기를 좋아한다는 말을 수없이 들어온 터라 마음속에 담아두었던 것이다.

　　철종이 왕위에 오른 후 관리를 뽑을 때마다 이시원의 이름이 항상 주의(관원을 임명할 때 문관은 이조에서, 무관은 병조에서 세 사람을 추천하여 올리는데 이것을 비삼망이라고 한다. 비삼망은 제1후보자를 수망, 제2후보자를 부망, 제 3후보자를 말망이라 부르는 것을 통틀어 말함)에 있었다. 비록 부망이나 말망에 이름이 올라있음에도 불구하고 장동 김씨들의 권력에 밀려 매번 낙방했다.

　　이럼에도 불구하고 그가 벼슬에 나아가게 된 것은 마침 개성의 유수가 공석이라 철종이 친필로 이시원의 이름을 써서 그를 낙점시킨 것이다. 철종 덕분에 그는 개성 유수로 3년 동안 근무했는데 유수 관아에서 아들 건창을 낳았다. 그래서 그의 어릴 때의 이름을 송열이라 했는데 이것은 개성을 속칭 송도라고 부른 것에서 송자를 딴 것이다.

갑오이전15

　　무진년에 박규수는 평안감사가 되었다. 미국인 최난헌이 군함 1척을 이끌고 조수를 타고 대동강에 들어왔지만 조수가 밀려나가면서 군함은 꼼짝달싹하지 못했다. 박규수는 그들을 체포할 수 있는 사람들을 돈을 주고 구하던 중 한 교졸이 지원했다. 어촌의 과피선(작은 배) 수백 척을 동원하여 배안에 섶을 가득 실어 불을 지르게 하고 궁수로 하여금 일제히 화살을 당기게 했다. 미국 군함은 활살세례를 받았으며 군함 안에 있는 인화물질로 인해 군함은 불타고 말았다. 적은 불길 속에서 튀어나와 도망쳤지만 그들을 추격해 대포를 쏘아 4,5명을 쓰러트렸다. 이것이 조정에 전해지자 박규수는 승자(품계가 승진됨)하고 교졸 또한 진장이 되었다.

갑오이전16

　　대원군이 10년간 집정할 때의 위엄으로 '대원
군분부'란 다섯 자가 3천리 곳곳에 퍼져 뇌정탕화(무서운
천둥과 끓는 물과 달구어진 쇠붙이) 같아 관리나 일반백성
들은 항상 관청의 법률에 저촉될까봐 노심초사했다. 이에
따라 대원군의 실각을 기뻐하며 축하하였다. 그러나 민씨
들이 정권을 잡은 이래 백성들은 주구를 감당할 수 없어 오
히려 대원군의 치정을 좋다고 생각하게 되었다. 이것은 중
국 후한 사람들이 이른바 민심이 오오(슬픔에 잠긴 뭇 사람
들의 소리)하여 다시 망조(신을 말함)의 유를 생각하게 되
었던 것과 마찬가지였다.

갑오이전 17

　고종과 민비는 원자가 태어나자 궁중에서는 원자가 잘 되길 비는 제사를 8도 강산을 두루 돌아다니며 지냈다. 이렇게 탕진하는 하루 비용이 천금이나 되어 내수사가 소장한 것으로는 지출을 감당할 수 없었다. 마침내 호조나 혜청에서 공금을 빌려서 사용했지만 그것이 위반이라고 말한 사람은 전혀 없었다. 1년이 채 못 되어 대원군이 비축해 놓은 재물을 모두 탕진했다. 그래서 매관이나 매과 등이 기승을 부렸다.

갑오이전18

병자년(1876년 고종 13년) 봄 경복궁에 화재가 발생해 고종은 창덕궁으로 이사했다. 이때 민승호 집에도 화재가 발생했다. 이때 민승호는 수재(조부모나 부모상을 당하면 그 자손 된 사람 가운데 관리는 그 직을 사양하고 선비는 과거응시를 중지하고, 선민은 혼사를 중지하고 근신하면서 만28개월 동안 복상하던 제도)하여 산승을 불러 아들을 위해 조용한 곳에서 기도를 드리게 하여 기다리고 있었다.

이날 외부로부터 함 한 개가 들어왔는데 기도를 드리던 중이라 나중에 열어본다며 미뤄두었다. 민승호 집에 함을 전달해준 사람은 이미 돌아가 버렸기 때문에 민승호는 의심했다. 그렇지만 기도가 끝나고 밀실로 함을 옮긴 민승호는 혼자 함을 살폈다. 함에 구멍이 있었고 자물쇠와 열쇠가 걸려있었다. 그는 무심코 함을 열려고 하는 순간 요란한 폭음소리와 함께 불이 일어났다. 그의 아들은 10세였고 그 할아버지

고종

와 함께 서있던 채로 죽고 말았다. 민승호 역시 온몸이 시꺼멓게 타고 말 한마디 못하고 죽었다. 죽을 때 운현궁을 두, 세 번 가리켰다고 한다. 그 후 살인청부를 내린 사람으로 대원군을 지목했지만 끝내 진상을 밝히지 못했다. 고종과 민비는 매우 슬퍼했으며 민비는 대원군을 원망했지만 복수하지 못했다. 때마침 흥인군 저택에도 불이 났는데 민비생각은 대원군이 흥인군에 대해서 원한을 품고 있었기 때문이라고 했다. 민승호나 흥인군의 화재사건은 모두 대원군의 음모에서 나온 것이라면서 비밀히 조사를 했다. 얼마 뒤 장가의 성을 가진 사람을 잡았는데 그는 신철균의 문객이었고, 철균은 예전 대원군의 문에서 나온 사람이라면서 죄를 씌었다.

갑오이전19

신철균의 처음 이름은 효철로 병인년(1866년, 고종 3년)에 영종첨사로 재직하면서 프랑스 해군 수명을 살해한 공로를 인정받아 진주병사로 특진하였다. 갑술 (1874년 고종 11년) 후에는 관직을 버리고 집에 있었는데 방술을 좋아해 잡객들의 출입이 많았다. 어느 날 그의 장모가 신철균에게 모월 모시에 흥인군 집에 화재가 일어날 것이라 했는데 얼마 후 그 예언이 들어맞았다. 이 말이 누설되면서 장모가 체포되어 엄한 국문을 당했고 신철균 또한 무복(죄는 없지만 어쩔 수 없이 형을 사는 것)을 당했다. 그는 세 번의 화재사건을 모두 뒤집어쓰게 되면서 대역으로 참형을 당했고 그의 집은 몰수되었으며 부녀자들은 먼 곳으로 옮겨져 노비가 되었다.

갑오이전20

　　임금은 민승호에게 충정이란 시호를 내렸다. 그에겐 뒤를 이을 아들이 없어서 민비는 가까운 친척을 배척하고 촌수가 좀 먼 민태호의 아들 영익을 양자로 삼겠다고 했다. 그러자 민태호가 반대하자 그의 동생 민규호가 형을 협박했다.

"천의(왕후의 뜻)를 어찌 어기겠소. 양자를 보내어 함께 부귀를 누리는 것도 좋지 않겠소이까?"

　그래서 민태호의 아들 영익은 민승호의 양자로 들어갔고 뒤이어 민규호는 이조판서 겸 도통사가 되었다.

갑오이전21

날씨가 몹시 가물어 군과 읍에서는 기제를 지냈고 수령이나 방백들은 축을 지어 예를 따랐다. 하지만 백성들에겐 민폐만 더 끼치게 되었다. 즉 백성들은 소를 잡고 술까지 담당해야 했기 때문이다. 심한 경우는 산사에 창기까지 대령하는 사람도 있었다.

그러나 전라감사 정범조만은 조그마한 나귀를 타고 다니면서 주전(음식점과 여관)을 번거롭게 하지 않았다. 그는 무더운 여름 무등산에서 기도를 할 때 길바닥에 앉아서 머리가 땅에 닿도록 절을 하면서 하늘에 부르짖었다. 그 순간 갑자기 구름과 안개가 끼더니 약간의 빗방울이 떨어져 백성들은 기이하게 생각했다고 한다.

갑오이전22

　재상들은 거의 통과출신(순조. 헌종 이후에 생겨난 과거시험의 한 종류로 고려 때 홍분방을 본 딴 것)이다. 평소문자의 형감(시비와 선악을 구분하는 것)도 제대로 가려내지 못하여 항상 고시가 있을 때마다 자기의 부귀를 믿고 뽐내며 다른 사람들과 겨루지 않고 스스로 공경함을 뽑냈지만 실은 일자무식꾼이다. 따라서 모래와 금을 가려내지도 않고 끝내 사회 일반에게 통요되는 도리가 되어 한마디로 속권모발(과거를 주재하는 시험관이 응시자 전체의 시권을 고교할 수 없어서 한데 묶고 그 중에서 뽑아냄)에 그치는데 불과하다. 그때 사람들은 일자무식꾼들이 과거를 치르고 일자무식꾼들이 과거급제자로 선발된다고 했다.

갑오이전23

갑오년(1894년), 초시(과거의 맨 처음 시험)를 돈으로 매매했다. 처음엔 2백 냥에서 3백 냥을 주는 등 금액이 고르지 않았는데 5백 냥을 말하면 사람들이 혀를 찼다. 갑오년(1894년, 고종 31년) 전의 액수는 천여 냥을 요구해도 보편적으로 생각했다.

갑오이전24

　　민영익에게 임금이 호를 내리려고 예정하고 있
었다. 어려서 총명하며 서화를 좋아했다. 어릴 때 민영익의
집에서 놀던 사람들은 당시의 팔학사를 들 수 있는데 이중
칠. 조동희. 홍영식. 홍순형. 심상훈. 김옥균. 어윤중 등이
다. 민영익이 일찍 직첩에 글씨를 쓰려고 하자 좌객들은 명
예롭게 생각하며 입을 열지 못했는데 어윤중이 입을 열었
다.

"영감은 금일의 책임이 심히 크며 역중의 일이 모두 이미
내사로 나누어졌는데, 어찌 붓을 휘둘러 죄를 보내서 사무
를 방해하고 신을 손 되게 하려느냐."

　그러자 민영익은 용모를 고쳐 사죄하니 듣는 이들은 좋은
아첨이라고 말하였다.

갑오이전25

　　문정공 송준길은 우복 정경세의 사위이며 민유
중은 송준길의 사위다. 민비는 문정공 집안에 대해서 가까
운 외가의 의를 지켰고, 정씨 집안을 추대해서 외척같이 생
각해 왔다. 민비는 정경세를 부르기를 우복 할아버지라 하
였다. 그래서 송씨. 정씨 두 집안의 후손들은 크게 임금의
특별한 총애를 입어 과거에 급제해서 벼슬하는 사람이 부
지기수로 많았다. 이때 고종은 대원군과 골육지간이지만
사이가 나빠져 아버지 대원군을 혐오했던 것 같았다. 이때
사람들은 이렇게 말하며 비아냥거렸다.
"내전(왕비)은 돈목을 감소시키고 대전(임금)은 돈목을 증
가시키면 좋겠다."

갑오이전26

　　나합(나주 합하의 약칭)은 죽은 재상 김좌근의
첩이다. 나주 기생으로 지략과 술수가 뛰어났다. 인사성이
빨라 김좌근은 그녀에게 빠져들었고, 한참 뒤부터는 그녀
와 함께 국정을 논하면서 방백수령들이 그들의 손에서 많
이 나왔다. 더구나 빈객들과 간통까지 했으며 한때 그의 세
력이 커져 부끄러움을 모르는 자는 아첨하기를 '나합'이라
고 불렀다. 어느 날 참판 조연창이 나합의 초대를 받고 둘
이 대좌하고 있는데 김좌근이 갑자기 들어와 그를 보고 꾸
짖었다.

"영감은 무슨 일로 이곳에 와 있소?"

이 말을 들은 나합은 간드러지게 웃으며 둘러댔다.

"어찌 대감은 관상을 벌써 보셨습니까? 저 또한 관상을 보
려고 합니다."

　김좌근은 손뼉을 치면서 호들갑을 떨었다.

"옳소, 옳소"

　그런 뒤에 나갔다. 당시 조연창은 관상을 잘 봤다고 하는
데 후에 이름을 별창으로 고쳤다.

갑오이전27

　　천연두(마마)가 어느 때에 시작되었는지 명백히 알 수가 없다. 천연두가 전염되는 것을 시두라고 한다. 때가 되면 전염되는데 백 년을 내려오면서 사람의 기술이 점점 높아져 비로소 전종법을 발명했다. 이것을 종두라고 하는데 맞으면 느낌이 온다. 시두증세는 상당히 위험해 죽는 자가 있었지만 종두하면 독이 점점 약해져 완치하기가 쉽다.

　　서울 살고 있는 지석영은 역관의 가정에서 태어나 한시를 익혔고 서화도 해설했다. 일본에 건너갔다가 우두를 배워왔는데 기묘년(1879년, 고종 16년). 경진년(1880년, 고종 17년) 사이에 서울시내에 국을 설치하여 사람에게 우두법을 가르쳤다. 그런 후 점차로 전국에 퍼져나갔다. 종두는 시두에 비하면 완전하다고 하지만 횡절하는 자가 간혹 있었다. 우두가 나오면서부터 만 명에 한사람도 죽지 않으면서 종두는 완전 폐지되었다.

# 갑오이전28

경진년(1880년), 석유는 영국과 미국 등 여러 나라에서 생산되는데 어떤 사람은 바다 가운데서 취한다고 하고 어떤 사람은 석탄에서 빼낸다고 하며, 어떤 사람은 돌을 삶아서 짜낸 것이라고 했다. 아무튼 그것이 천연자원이라는 것은 맞는 말이다. 우리나라는 경진년(1880년, 고종 17년) 후부터 석유를 사용했다. 처음에는 붉은색이 나고 냄새가 고약했지만 1홉이면 열흘 밤을 켤 수가 있었다. 수년이 지나면서 색깔이 점점 하얗게 되고 냄새도 점점 좋아졌지만 화력은 감소되어 1홉으로 겨우 3~4일 정도 밖에 불을 켜지 못했다. 석유가 시중에 나오면서 산이나 들판에 기름을 짜는 열매가 번성하지 않았으며 전국적으로 연등이 없는 사람이 많았다. 또 서양 솜이 우리나라에 들어오면서 면업농사는 하향곡선을 그렸다. 양철이 나오면서 철광은 점차적으로 줄어들었다. 양수화통이 석유와 동시대에 함께 성행했는데 민간인들은 자기황(불을 일으키는 황)으로 불렀다.

갑오이천29

　　개항 이래 외국상품이 우리나라에 들어온 것은
값이 매우 쌌기 때문이다. 이것으로 상인들이 많은 이득을
보았다. 수년이 안 되어 일본인들은 시세의 흐름에 맞춰 물
건을 팔았는데 우리나라 사람보다 더 많은 이익을 취했다.
10종의 외국화물이 반입될 때 그 중 9종이 인조품인데 비
해 우리상품을 외국으로 수출할 때 10종 중 9종이 천연생
산품이었는데 이것은 내국인이 아둔했기 때문이다. 수입품
은 거의가 비단. 시계. 종. 옻칠한 물건 등으로 음교(매우
교묘함)하고 기사(속임수가 비상함)한 물건이며 수출상품
들은 거의 쌀. 콩. 피혁. 금. 은 등의 귀중품이다. 나라가 척
박하게 되지 않으려면 이것을 아껴야만 된다.

갑오이천30

　　김윤식을 천진에 보내고 또한 정신으로 재주와
덕망이 있는 사람을 뽑았는데 어윤중. 박정양. 심상학. 조
준영. 엄세영. 조병직. 이원회 등 8명(한사람의 이름이 기
억나지 않아 쓰지 못했음)으로 이들을 유람조사라 불렀다.
이들로 하여금 일본으로 건너가 정황을 엿보게 하였다. 얼
마 지나서 이들은 돌아왔지만 어윤중만은 일본 강호에서
중국 상해로 바로 건너갔다. 그것은 왕이 중국도 두루 살펴
한 가지라도 더 얻어서 돌아오라고 명을 내린 것이었다. 임
금의 근원지략(앞을 멀리 내다보는 계략)에 다소나마 부응
하고자 한 것이었다. 고종은 근신들에게 감탄하면서 칭찬
을 아끼지 않았다.

"어윤중은 또다시 바닷길을 떠났으니 그것은 나의 뜻에서
나온 것도 아니요, 나라를 위해 자기의 괴로움을 잊고 간
것이다. 얼마나 아름다운 일인가."

　그러자 조영하가 미소를 띠며 답변했다.

"그는 범월죄인(아무런 증명도 없이 국경을 넘어간 사람)
입니다."

갑오이천31

임오년(고종 19년) 6월 9일 계해 날에 경영군이 시끄러웠다. 갑술년(고종 11년) 이래 대궐에서 사용되는 비용은 끝이 없었다. 호조나 혜청에 저축해 온 것 모두가 바닥나 경관의 월급도 제대로 지불하지 못했으며 5영 군사들도 자주 급식을 받지 못했다. 5영을 파하고 2영만 남겨두었는데 이때 쫓겨난 노약자들은 갈 곳이 없었다. 그래서 이들은 무력으로 난을 일으킬 것을 모의했다.

이때까지 군사들에게 월급을 지급하지 않은 것이 벌써 반년이나 지났다. 때마침 호남 세선(세금을 받은 양곡을 실어나르는 배) 수 척이 경창에 짐을 풀었는데 그것으로 먼저 밀린 월급을 지급하라 명했다.

혜청 당상 민겸호 집안의 하인이 혜청 창고지기가 되어 지출을 담당했다. 그는 겨를 섞어서 미곡을 지급하면서 개인적으로 많은 이익을 남겼는데 이것을 눈치 챈 사람들이 크게 노하여 그를 구타했다. 그러자 민겸호는 주동자를 잡아서 포도청에 가두고는 죽이겠다고 하자 여러 사람들은 원통하고 분함을 참지 못해 칼을 빼어서 땅을 치며 분노했다.

"굶어죽는 것이나 법에 따라 처형당하는 것이나 죽는 것은 똑같다. 마땅히 죽일 놈은 죽여서 우리의 억울함을 풀겠다."

  이들은 날을 정해 여러 사람이 한 곳에 모여서 크게 외친 후 곧바로 민겸호의 집을 점령했다. 그의 창고에는 진귀한 물건들이 가득 차 있었다. 여러 사람이 악을 쓰면서 말했다.

"1전이라도 집어가는 자는 죽인다."

  그런 후 빼앗은 재물들을 마당에 한꺼번에 쌓아놓고 불을 질렀다. 비단. 주옥. 패물들이 타는 불꽃에선 오색이 나타났고 인삼. 녹용 사향노루가 타면서 나오는 향기는 수리 밖에서도 맡을 수가 있었다. 민겸호는 담장을 넘어 도망쳐 대궐 안에 숨었다.

갑오이전32

　　4월부터 계속 비가 내리지 않았다. 이 달에 이르러 난병이 오시(오전 11시부터 오후 1시 사이)에 일어났다. 신시(오후 3시부터 5시까지)에 큰비가 내리면서 긴 장마철로 접어들었다가 말경에 비가 그쳤다. 금년 봄에 장년들을 모집하여 일본식 군사훈련을 시켰는데 이들을 별기대라고 불렀다. 일본군인 굴본예조가 교련을 가르쳤으며 훈련장을 남산 밑에 설치하였다. 총을 메고 행군하는데 먼지가 날려 공중을 덮으니 장안 사람들은 처음 보는 일이라 모두 놀랬다. 이때 난병들이 들고 일어나 그를 추격하여 굴본예조는 훈련장에서 구리재로 도주하다 돌에 맞아 죽었다. 난민들은 천연정(독립문 근방에 있으며 일본 공사관이 자리 잡고 있던 곳)을 포위하고 모두 죽여 버리겠다고 외쳤다. 화방의질(고종 8년에 대한 한일교역교섭에 종사하고 대리공사 겸 판리공사로 있다가 임오군란을 맞아 탈출, 다시 돌아와 제물포조약을 맺고 귀국했다)과 그 밑에 있던 일본인들은 대오를 편성해서 도망쳤지만 포를 쏘고 칼을 휘둘러 가까이 따라 붙지를 못했다. 그들은 밤이 새도록 도망쳐 인천에 도착했지만, 연도에 있던 내국인 피살자가 많았다. 화방의질은 인천에 이르러 부사 정지용에게 거짓말을 하며 "우리는 공무로 급히 경상도 동래로 가야하니 공은 배를 마련하여 보내라. 조금도 지체하지 말라"고 하였다.

정지용이 증명을 보여 달라고 하자 화방의질은 증명을 제시하였다. 그때 김보현이 경기관찰사로 있었는데 정지용이 막을 것을 염려하여 화방의질의 요구로 증명을 이미 발급하였던 것이다. 화방의질 일행은 결국 배를 타고 도망쳤고 도망한 다음 날 경군이 추격하여 도착했는데 인천부사 정지용은 김보현이 죽었다는 소식을 듣자 시국이 갑자기 변하였음을 알고 약을 먹고 자살했다.

갑오이전33

　　6월 10일 갑자, 난병들이 대궐을 침범했는데 중궁은 밖으로 도망가고 이최응. 민겸호. 김보현 등은 살해당했다. 이날 대원군은 정사를 돌보고 있었다. 이날 난병이 흥인군 저택을 포위했는데 이최응은 담장을 넘으려다 떨어져 고환이 터져서 죽었다고 했다. 그러나 사람들은 그가 창에 찔린 후 돈화문으로 갔지만 때마침 문이 닫혔고 총알이 문선(문짝)을 맞혔는데, 멀리서 콩 볶는 소리가 난 뒤 문이 열리고 여러 사람이 끼고 들어갔다고도 한다.

　고종은 변이 일어났다는 말을 듣고 급히 대원군을 불렀으며 그는 난병들을 따라 들어갔다. 난병이 궁전으로 올라가다 때마침 민겸호를 만나 그를 잡아끌자 당황하면서 대원군을 쳐다보며 "대감 날 좀 살려주시오"라며 호소하였다. 그러자 대원군은 쓴웃음을 지으면서 "내 어찌 대감을 살릴 수 있겠소"라고 말하였다. 대원군의 말이 채 끝나기도 전에 난병들은 계단 밑에서 그를 죽이고 총칼로 시체를 난도질했다. 또 "중궁은 어디 있느냐"며 소리쳐 언사가 좋지 않았고 처참한 광경을 이루 말할 수 없었다.

　이때 대원군의 부대부인도 입궐했는데 그녀는 중궁을 본인이 타고 온 사인교에 숨겨놓고 나왔다는데 마침 이를 본 어떤 궁인이 난병들에게 밀고했다. 이 말을 들은 난병은 사인교의 포장을 찢어 땅에 팽개쳤다. 그때 무예별감 홍재희가 "그 여인은 상궁으로 있는 내 누이다. 그대들은 오인하지 말라"고 소리친 후 등에 업고 궁궐을 빠져나왔다.

그러나 장안 사람들은 그때 난병들이 더 이상 묻지 않은 것을 의심했다. 김보현은 경기 감영에 있다가 변이 생겼다는 소식을 듣고 예궐을 서둘러 승정원에 들렀다. 그때 그의 조카 김영덕이 승지로 입직하던 중이었는데 가지 못하게 말렸다.

"오늘의 사변을 알지 못하고 들어가시렵니까?"

그러자 김보현은 옷자락을 걷어붙이고 나오면서 말했다.

"내가 재상의 위치를 갖추었고 또 직책까지 맡고 있는데, 국가에 변이 생기면 비록 죽는다고 해서 회피하면 되겠느냐."

그런 뒤 입궐하다가 돌층계에서 맞아서 죽었다. 그때 난병들은 그 시체를 발로 차고 입을 찢어 엽전을 집어넣고 개머리판으로 마구 쑤셔 넣자 돈이 가슴으로 튀어나왔다고 한다. 그의 시체는 민겸호의 시체와 함께 궁궐 개천에 버려졌다. 그때 큰비가 내려서 물이 개천에 가득 찼으며 날씨까지 흐리고 더웠다. 이런 시기에 시체가 개천에 수일동안 버려져 있었는데 살이 물에 불려서 하얗고 흐느적거렸는데, 고기를 썰어놓은 것 같기도 하고 씻어 놓은 것 같기도 하였다고 한다.

갑오이전34

　　난병들이 대궐에서 나와서 사방으로 흩어졌다.
성내 외의 여러 민씨 중에 악행을 저지른 자와 경재무단자
는 외부사람과 결탁하여 자기를 돌봐줄 수 있는 사람을 찾
아갔다. 그들의 집은 모두 불타고 파괴되었는데 그 숫자가
너무나 많아 모두 기록할 수가 없어 안타깝다. 전 참판 민
창식도 살해당했는데 그는 민정중의 사혼(제사를 받드는
종손)으로 임예탐잔(음탕하고 두렵고 탐욕하고 잔인한 짓)
하고 동료들과 잘 어울리지 않았으며 색력까지 있었다. 처
음 승정원에 입직할 때 양경(남자의 생식기)을 어루만진 후
창문의 문종이까지 뚫었다. 그의 패설(거슬리고 더러움)함
이 이와 같아 항상 동궁관의 벼슬을 가지고 있었다.

갑오이전35

　　민영익은 삭발하고 승립(중이 쓰는 삿갓)을 쓰
고 짚신을 신고 뒤뚱거리며 도망쳤다. 그는 하루에 80리
길을 걸어 양근땅 김오위장 집에 도착했다. 그는 민영익의
집에 식객으로 드나드는 사람이었다. 민영익은 보리밥에
부추김치와 깍두기를 배불리 먹은 후 감사하며 이렇게 말
했다.
"이렇게 맛이 좋으냐?"
　그러자 김오위장은 웃으면 대답했다.
"영감께서 이런 변이 없었다면 어찌 이 맛을 아시겠습니
까? 소인의 음식은 비록 거칠고 좋지 못합니다. 그렇지만
영감이 식객들에게 준 음식에 비하면 잘 차린 것이지요. 집
에 돌아가시거든 찬비(밥을 짓는 여자 종)에게 꾸짖어 삼가
게 해 주시기 바랍니다."
　이 말을 들은 민영익은 부끄러워 얼굴을 들지 못했다고
한다.

갑오이전36

　　중궁(민비)이 궁궐을 빠져나가 화개동에 있는
윤태준 집에 숨었다. 윤태준은 옆방에 모시고 익찬 민응식
과 진사 민긍식은 문 밖에서 엎드려 모셨다. 그러나 서울
장안에서는 발각이 두려워 있을 곳이 못되어 시골로 가서
피난할 것을 생각하였다. 하지만 여비가 없음을 걱정한 윤
태준은 전 승지 조충희에게 부탁하여 말을 판 돈 5백원을
빌렸다. 그는 그것으로 혼자 타는 가마를 세내어 민비를 모
셨다. 민응식과 민긍식과 이용익은 배종(왕비를 모시고 따
라감)하였다. 여주에 이르러 전 판서 민영위 집에 수일 있
다가 다시 충주 장원촌 민응식 집으로 옮겼다. 난이 평정되
고 중궁이 복위되었는데 조충희는 영광군수로 제수되었다.

갑오이천37

　8월 초에 혜성이 동쪽에서 나타나 서북쪽으로
뻗쳤으며 별자리가 11월 중에 없어졌다. 중궁 민씨를 복위
하고 환궁하여 국상복제(민비가 죽은 것으로 단정하여 내
린 복제)를 거두었다. 처음 중궁 민씨는 미복차림으로 성을
빠져나갔기 때문에 아무도 알지 못했고, 충주 장원촌에 오
래 머물러 있었는데 그것이 점차 소문으로 들렸다. 마침 대
원군이 폐하니 전 부사 서상조가 봉영할 것을 상소했다. 이
달 중에 의장을 갖추어 장원촌에서 모셔 창덕궁으로 들어
왔다.

갑오이전38

　　　청나라 시량 오장경이 제독군문으로 계속 근무
했다. 오장경은 임오군란에 대해 이렇게 말했다.
"임오군란은 옛날을 훑어봐도 전혀 알아듣지 못했다. 신
하나 백성도 적 한명을 토벌하지 않았으니 법대로 하여 모
두 죽어야 한다."
　그때 조영하가 관반(객을 접대하는 사람)이 되어 한어를
해석하여 간신히 대답했는데, 그는 대궐 안에서 오장경의
진영까지 하루 낮 밤을 열 번이나 왔다 갔다 했다. 오장경
은 그의 말을 열심히 듣더니 이렇게 오해했다.
"먼저 난을 일으킨 자는 도감군이다. 그들의 집이 거의 왕
십리에 있다. 그래서 왕십리만 도륙하겠다."
　난병으로 왕십리에 살던 군인들은 이 소식을 접하고 가
족을 데리고 미리 도망쳤으며 도망할 수 없는 노약자 수십
명만 죽음을 당했다.

갑오이전39

도망친 일본공사 화방의질은 얼마 후 정상형. 고도병지조. 인예경범과 함께 2개 중대의 군사를 앞세워 서울에 도착했다. 군란에 대한 책임을 조선정부에 돌리고 다시 화의를 하자고 했는데 그들의 책망함이 가혹했다. 조정에서는 황급히 이유원을 뽑아 전권대신으로 삼고 함께 판리하도록 하였다. 일본 놈들은 5만원으로 군란 때 죽은 일본사람을 배상하고, 50만원으로 군비를 배상하라고 했으며 더욱이 일본군을 서울에 주둔시키게 하였다.

또한 일본에 사절단을 보내어 사죄할 것을 청하자 김만식. 박영호. 김옥균 등을 보냈다. 이때 김옥균 일당들은 일본에 동경한 나머지 거의 미치광이 같았으며 오직 개화에만 뜻을 두고 있었다.

김옥균

김옥균은 비밀리에 관부의 뜻을 일본인들에게 알리자 그들은 기뻐했으며 배상금을 40만원으로 감해주었다. 일본공사 궁본수일은 녹천정에 기거하고 있었다. 녹천정은 남산 밑 주동 끝에 위치하고 있는데 나무가 울창하고 샘물이 솟아나는 깊숙한 곳으로 과거에 양절

공 한확의 별장이 있던 곳이다.

최근엔 전 판서 김상현이 거처했다. 다시 건너온 일본인들의 억압이 예전보다 더 심해져 조정은 그들의 뜻을 거슬리지 않기 위해서 본연의 뜻을 굽히고 굴종하였다. 그러자 전 판서 김상현이 거처했던 녹천정을 일본인들이 빼앗아 가서 그들의 공관으로 삼았던 것이다. 주동. 나동. 호위동. 남산동. 난동. 장흥방에서부터 서쪽으로 종현과 저동에 이어졌고, 옆으로는 이현 일대가 상남촌을 포괄했으며 사방 10리가 모두 왜촌이 되었다.

갑오이전40

　　민비가 충주에 피난하고 있을 때 무당이 찾아와 대궐로 돌아올 수 있는 시기를 점쳤다. 시일을 어기지 말라 하여 중전은 신비하게 여겨 그를 데리고 환궁했다. 그 뒤로 민비는 좋은 일이나 궂은 일이나 그의 말이라면 듣지 않는 것이 없었다. 무당은 자기가 관운장의 영을 받은 딸이기 때문에 마땅히 묘를 지어 받들게 해달라고 간청했는데 민비는 그대로 했으며 무당을 진령군에 봉했다. 무당은 시도 때도 없이 고종과 민비를 만났으며 웅장한 복장으로 단장하기도 하였다. 고종과 민비는 무당을 가리키며 웃으면서 상으로 수많은 금과 보화를 주었다.

　화와 복이 그의 말 한마디에 있다 보니 수령과 번곤(감사. 병사. 수사를 통칭)이 종종 그의 손에서 나왔다. 그의 권력을 믿은 고관들은 앞다투어 아첨했는데 무당을 앞에 두고 '자매로 부르자' 혹은 '양자를 맺자' 라고 원했던 것이다. 세간 사람들은 무당이 본디 제천과 청풍 사이에 살았었다고 한다.

갑오이전41

이유인은 김해 사람이다. 그는 궁천무뢰배(가난하고 지체가 낮은 무뢰한 무리)로서 무과에 천거되어 서울 장안에서 떠돌아다녔다. 진령군이 국병(권력)을 휘두르며 재주를 좋아한다는 소문을 듣고 그는 사람을 시켜 "이유인은 귀신을 부리며 능히 풍우도 일으킨다."는 말을 하게 되었다.

이 말을 들은 진령군은 깜짝 놀라서 그를 초대하여 우선 귀물을 시험해 볼 것을 청했다. 그러자 이유인은 "쉬운 일이지만 무서워 떨까 겁이 난다. 며칠간 목욕하고 청결하게 해야 한다"고 대답하였다.

이유인은 진령군 집에서 나와 영남인으로 떠돌아다니는 악소배들을 불러 비밀리에 자신의 계략을 말했다. 얼마 후 정한 기일이 되어서 밤에 진령군을 끌고 북산 가장 깊숙한 곳으로 들어갔다. 송림은 깊고 칠흑 같은데 흘러 다니는 불덩이가 번쩍번쩍하여 사람이 사는 곳과는 달라 보였다. 이유인은 "내가 있으니 두려워하지 말라"며 머리동이를 휘두르면서 동방청제장군을 불렀다. 그러자 귀신이 엄숙히 팔짱을 끼고 앞에 나타났다. 몸 전체가 청남색이고 열 걸음까지 와서는 더 다가오지 않았다. 진령군은 작은 목소리로 "이 정도가지고 떨린다고 할 수 있느냐"고 했다. 이유인은 "큰소리치지 말고 좀 기다리라!"한 후 또 남방적제장군을 불렀다. 키가 10척이나 되는 귀신이 나타났는데 전신이 새빨갛고 머리는 기(별 이름)와 같고 돌출된 사각 눈은 마치 홍유리 같았다. 입에서는 붉은 피를 내뿜는데 비린내가 나고 더러운 냄새가 풍겼다. 무서움이 야차(얼굴 모습이나 몸의 생김새가 괴상하고 사나운 귀신. 사람을 괴롭힌다고 함)와 같았고, 소리를 지르며 양손가락을 펴고 세우니 진령군은 잠깐 쳐다보다 이유인의 발을 밟으며 속히 거두라고 하며 전부 보려고 하지 않았다. 거의가 적귀는 가면을 쓴 것이었다. 진령군은 돌아와 고종과 민비에게 이 사실을 고하자 그의 입시를 명했고, 이로 인해 이유인은 한 해 사이에 양주목사까지 진급했다.

갑오이전42

6월에 의복제도를 개혁하여 공사귀천 할 것 없
이 모두에게 새로운 법식을 명했다. 당시 박영효 등은 서양
제도에 눈이 멀어 미친 사람처럼 좋아했다. 왕에게 의복제
도를 변경할 것을 전하면서 의복이 간편한 것이 곧 국가를
부강하게 만드는 것인데 가장 먼저 해야 할 일이라고 하였
다. 이때 민영익이 청나라에서 돌아와 의논했는데 그가 옳
다고 하여 윤 5월에 조목을 정했다. 즉 공복은 소매가 넓은
홍단령을 폐지하고 고하의 관리는 모두 소매가 좁은 흑단
령을 착용하도록 하였다.

사복은 도포. 직령. 창의 등 소매가 넓은 것은 모두 없애
고 양반이나 천민
이아 다 같이 소
매가 좁은 두루마
기를 입도록 하였
다.

벼슬을 하는 사
람은 전복을 더하
고 그 나머지 조
목은 대략 넓은 소매를 금하는 원칙에 따르며 지나친 장식
은 피한다. 그러자 나라 안은 발칵 뒤집혔고 사람들의 감
정은 나날이 높아지면서 복종하지 않았다. 정언 이수홍 등

의 상소가 있었고 옥당의 연명상소가 있었으며 성균관유생 심노정 등의 상소도 있었다. 임하(벼슬을 그만두고 은퇴한 곳)에서는 송병선이 소를 올렸고 재신으로는 박제교가 상소를 올렸다.

예조판서 이인명은 바로 거행할 수 없다고 하면서 죄를 기다리고 상소를 올렸다. 밖에 있는 대신으로 봉조하(의식에만 출사하며 종신토록 녹봉을 받음) 이유원과 송근수의 소가 있었고 시원임대신(전현직 대신의 통칭) 심병국. 홍순목. 김병덕 등이 이어서 연명차자두(두 사람 이상이 연명하여서 임금에게 상주하는 일)를 올려 괴로워하며 간했으나 왕은 듣지 않았다.

갑오이전43

　　갑신년 10월 17일 무자 밤에 박영효. 김옥균 등이 반란을 일으켜 왕을 경우궁으로 옮겼다. 좌찬성 민태호. 지사 조영하. 해방총관 민영목. 좌영사 이조연. 우영사 윤태준. 전영사 한규직을 조소를 속여서 오라고 하여 모두 죽였다. 환관 유재현은 난을 일으킨 주모자들을 욕하다 죽었다.

　　처음 박영효 등은 일본. 서양제국과 통교하여 부강을 누리고자 하였다. 그들은 예로부터 내려오는 국가 풍속을 모두 버리고 서양제도를 배워서 개화의 결실을 맺기 위해 힘썼지만 왕의 우유부단함을 걱정하였다.

　　또한 정책이 여러 사람에게서 나와 획일적인 법을 실행할 수가 없었다. 그래서 비밀리에 역모를 꾸며 왕의 위협하고 궁을 옮겼던 것이다. 민태호 등 수구파대신 몇 장졸을 모두 제거하고 일본군대를 이끌고 와서 청국 군을 방어하게 하며 일이 성공하면 개화를 행하려 하였다. 그렇지만 3일천하가 실패하면서 주동자들이 모두 도망쳐 심문할 길이 없어 상세한 내용을 얻지 못했다. 서재필은 윤태준의 이질로 그에게 들렀다가 때마침 국수상을 받고 있어 함께 먹게 되었다. 윤태준은 박영효의 거사를 사실인지를 물으면서 "장차 대사를 행한다고 하던데 너는 듣지 못했느냐?"고 물었지만 서재필은 대답하지 않았다. 이 말을 들은 서재필은 수저를 놓고 나갔는데 오랫동안 들어오지 않아 이미 달아난 것을 알았다.

윤태준은 크게 노하여 민태호에게 알렸다. 윤태준이 말하길 "영공은 이제야 비로소 들었단 말인가. 나는 벌써 오래되었다. 그렇지만 일이 의심스러워 마땅히 대간에게 취지를 알리고 상소해서 울릉도 사건을 의논하며 김옥균을 궁색하게 만들면 단서가 반드시 잡힐 것"이라 하였다. 그때 김옥균이 일본에 가서 울릉도를 팔았다는 말이 있었다.

이에 김옥균 등은 역모를 꾸민 것이 이미 노출된 것을 알고 거사를 앞당겨 일으킬 것을 기약했다. 17일 밤에 우정국에서 연회를 베풀고 모든 제신들을 초대했지만 오지 않았고 오직 민영익만이 참석했다. 주동자들은 민영익을 친근하게 접대하였지만 이것은 일을 은폐하려는 수단이었다.

그러나 밖에서는 이미 불이 일어났다. 민영익이 보러 뛰어나가자 한사람이 벌떡 일어나 칼로 내리쳤는데 귀가 떨어졌으며 어깨까지 미쳤다. 땅에 쓰러진 민영익을 목인덕이 끼고 달아났다.

이어 박영효 등은 대궐로 달려가 궐문 밖 곳곳에 불을 지르게 하고 큰 소리를 외치며 힘을 돋웠다. 중희당에 들어가서 기침을 하며 말하되 "청나라 사람들이 난을 일으켜 긴박하니 상감께서는 잠시 일본공관으로 가셔서 변을 관망하십시오."라고 하였다. 그의 말에 왕이 움직이려고 했지만 민비가 말리면서 "자세히 알지 못하고 서둘러 가시는 것은 옳지 못합니다."라며 반대했다.

그러자 박영효가 다시 말하기를 "그러시면 경우궁으로 행차하시는 것이 좋겠습니다."라며 수단과 방법을 가리지 않고 위협하였다. 민영교는 앞에 엎드려 왕을 업고 경우궁으로 들어갔다.

벽영효는 '일병래호(일본군대가 와서 호위한다는 뜻)' 의 네 자를 어필로 쓰게 하여 일본 공사관에 전하자 죽첨공사는 즉시 군대를 이끌고 달려와 궁의 담장을 에워쌌다.

날이 밝자 적당들은 교지를 속여 민태호를 왕이 찾는다고 하였다. 조영하는 민태호에게 이르되 "사변이 측량하기 어렵습니다. 지금 모든 병영의 군사를 일으켜 원세개 진영과 함께 들어가는 것이 안전할 것 같소이다"라고 하였다. 그러자 민태호는 "수조(임금의 친필조서)를 급히 알려야 하는데 상감이 포위되어있어 수조를 알릴 수가 없다. 그렇기 때문에 내가 들어가지 않을 수가 없다. 먼저 들어갈 테니 공은 뒤처리를 잘하고 들어오라!"고 하였다.

이어 조영하가 들어갔으며 민영목 이하 여러 사람들은 판단하기 어려워 잠시 고민하다가 들어갔던 것이다. 이들이 들어가자 기다리고 있던 서재필은 생도들은 함께 칼을 휘둘러 대신들을 차례차례 죽였다. 왕은 대신들이 칼에 맞아 죽어 자빠지는 광경을 바라보면서 눈물만 흘리며 괴로워할 뿐이었다.

조영하는 칼을 맞고 바로 죽지 않고 큰소리로 "조선의 법에 누가 문신은 칼을 허리에 차지 말라고 하였느냐? 내 수중에 칼이 없어 너희 무리들을 만 동강으로 베지 못하는 것이 한이로다."고 하였다.

중관 유재현이 어선을 바치니 김옥균이 발로차면서 "지금이 어느 시국이라고 한가하게 수라를 올리느냐!"고 하였다. 그러자 유재현이 크게 꾸짖되

"너희 무리들은 모두가 교목 귀경들이 아니냐? 어찌 부족한 것을 걱정해서 천고에 있지 않았던 미치광이 반역을 일으키느냐?"고 하자 김옥균이 칼을 빼어 후려치니 층계 밑으로 떨어졌고 이것을 본 왕은 벌벌 떨기만 했다.

김옥균은 옥새와 옥로(옥으로 해오라기 모양을 옛 꾸미개의 한 가지)를 들춰내어 박영효에게 주면서 "편한대로 왕노릇을 하시오!"라고 말하였다. 이때 반란주모자들은 왕을 해치려는 음모가 있었다고 한다. 이때 심상훈이 "대가들이 무능한고로 공들을 편안하게 해주었는데도 불구하고 제공들은 무엇을 꺼리고 무엇을 탄핵하여 마구 천하의 악명을 범하는가?"라고 말하자 적당들은 행동을 멈췄다.

심상훈은 왕을 호위하면서 함께 들어와 적당들의 흉측한 행동을 보고 표면으로 내세워 충성을 다하니 적당들도 그것을 믿었으며, 이로 인해 고종은 다행스럽게 죽음을 면했는데 심상훈의 힘이 몹시 컸다.

갑오이전44

　　19일 청제독군문 원세개가 대궐에 들어와 호위했다. 일본군대는 물러가고 고종은 북관묘에 행차했으며 홍영식과 박영교를 복주(형벌을 받아 죽음)했다. 박영효. 김옥균. 서광범. 서재필 등은 일본군에 싸여 도망쳤다.

　　고종이 환궁할 때 원세개는 하도감에 진을 치고 있었다. 그는 대궐 안에서 변이 생겼다는 급보를 받았지만 어찌할 바를 몰랐으며 정세를 측정할 수가 없어 갑옷을 걸치고 대기하고 있었던 것이다.

　　그러던 중 전 승지 이봉구가 보루를 치고 통곡하며 급히 와서 구원해 줄 것을 호소하자 원세개는 소매를 치며 2천 명의 군사를 동원하여 궁궐 문에 이르렀다. 일본 군인들은 송혈담을 의지하고 격투를 벌였으며 탄환이 비가 퍼붓는 듯 했다.

　　원세개는 변발을 동여맨 뒤 목을 싸매고 뛰어올라 수문병졸을 죽이고 칼춤을 추며 충돌했는데 전신이 배꽃 같았다. 탄환이 어지럽게 땅에 떨어지고 여러 진영에 있던 내국군 졸들은 원세개가 이끌고 온 청국군을 따라 들어갔다. 양군이 격전을 벌이다가 일본군이 조금 물러났다.

　　일본공사 죽첨진일랑은 군졸을 모아 철수하니 그제야 박영효 등은 역모가 실패로 돌아갔다는 것을 간파하고 그를 따라 도주했다.

　고종은 창덕궁에는 군인과 무기가 꽉 차 있으니 잠시 북묘에 행차하겠다고 명을 내렸다. 호영익과 박영교는 아직까지 역모의 기세가 판가름이 나지 않았다는 것을 믿고 고종을 따라 북묘에 이르렀다.

　어탑(임금이 앉는 의자)에 둘러서서 어찰을 내리라고 강청하며 원세개 군대를 물리치게 하라고 서둘렀는데 왕은 아직도 두려움이 진정되지 않았다. 고종이 잠깐 일어서려고 하여도 홍영식과 박영교는 끌어 앉히며 "전하께서는 한 발자국도 떠날 수 없습니다"라고 하였다.

　이때 많은 군인들이 계단 밑에 모여 있었는데 모두 울분을 참지 못했다. 무예청에서 먼저 역적을 죽이라고 소리치는 순간 군인들이 번개같이 달려들어 홍영식과 박영교를 땅에 들어 메쳐 칼로 난도질을 하면서 만세소리를 외쳤다.

　왕은 원세개 군문에 명하여 북묘로부터 청국통령 오조유의 영방에 들러서 쉬었다. 날이 어두워지자 시민들은 환호성을 외쳤다. 그러나 헐어진 집과 햇불을 가설할 일이 있어 다음날 창덕궁으로 환어하였다.

갑오이전45

생도 서재창. 오창모 등을 복주했다. 재창은 서
재필의 아우이며 창모는 전 병사 오진영의 서자이다. 당초
조정에서는 나이가 어리면서 총명하고 준수한 자를 뽑아서
일본어를 가르치고 기예를 익힌 까닭에 왜학생도라 불렀
다.

이들은 사대부계층이지만 벼슬을 못하는 가난한 자나, 서
자출신 아니면 중인계층들이 거의 지원했다. 10월에 일어
난 갑신정변 때는 서재필이 이들을 인솔했는데 이들에게
여러 재신들이 죽음을 당했던 것이다.

그들은 역모가 실패하자 머리를 깎은 뒤 일본 옷으로 갈
아입고 일본군과 함께 도망쳤다. 일본군과 함께 도망하지
못한 자들은 주야로 걸어서 부산 동래관(일본인 근거지)에
도착했으며, 그곳에 있던 일본인들은 그들을 앞 다투어 비
호하면서 일본으로 함께 들어갔다. 오진영은 하동 적소(죄
인이 귀양살이하던 곳)에서 죄를 받아 죽었다.

갑오이전46

이봉구는 전주 아전집안 출신이다. 감여(풍수)의 기술을 가지고 있으며 민영익을 부추겨 민치구(흥선 대원군의 장인)의 묘를 옮겼다. 그는 얼마 후 과거에 급제했으며 옥당에 임명되었다. 박영교가 어사를 지낼 때 그의 재주와 슬기가 있다며 천거하여 승지로 옮겨갔다.

이때 원세개를 면회했는데 그는 적개(군주의 원한을 풀려고 하는 마음)을 품고 있었다. 이어 그는 참판으로 승진되고 유영사에 임명되었다.

고종은 이충신으로 불렀고 원세개 또한 그렇게 불렀는데 한때 사랑을 많이 받았다. 남녀(의자처럼 생긴 마차)가 종가를 지날 때면 빠르기가 구름 같고 발소리에 땅이 울렸다. 세산 사람들은 손가락질을 하며 비웃기를 "저 사람이 전주 장신이다."고 하였다.

이봉구는 교만하여 사대부를 접대하는 것이 예의가 없어 모두를 질시하며 죽일 놈이라 하였다. 해를 넘겨 고향에 돌아가서 죽었으며 특별히 시호를 충절이라 내렸다.

갑오이전47

    원세개는 대원군이 보정부에서 수년간 머물러
있을 때 대원군의 사람됨을 익히 들었다. 그가 귀환하자 찾
아갔는데 "위급하게 되시면 도와드리겠다."고 하면서 마음
을 기울여 서로 사귀었다. 이때 민비는 대원군을 미워하고
싫어함이 그치지 않았는데 반드시 해치려하였지만 원세개
를 꺼려해 실행에 옮기지 못했던 것이다.

갑오이전48

　　호가 한주인 이진상은 은거하면서 후진을 양성
하고 스스로 학문을 깨우쳐 터득하였다. 그는 심즉리(心卽
理)의 세 글자를 가슴 깊이 새기고 이것을 학설이 주제로
삼아 '심학종료'란 책을 수십 권 저술했다.

　이진상이 죽자 그의 아들 이승희가 유집을 간행하기 위해
허훈에게 교열을 부탁했다. 하지만 허훈은 퇴계 이황의 학
설과 반대되기 때문에 죄를 두려한 나머지 사양하고 말았
다. 할 수 없이 이진상의 제자인 곽종석이 교열을 맡아 간
행한 후 제일 먼저 퇴계서원에 보냈다.

　퇴계서원 후손들은 벌 떼처럼 일어나 이단으로 결론지은
후 책의 맨 끝에 "이 책을 가야산 깊숙한 곳에 숨겨두었다
가 퇴계학설이 끊어진 다음에 세상에 내놓아라!"는 글을
써넣어 보냈다.

　이런 일이 있은 후 도내 퇴계학설을 따르는 제자들이 모
여 책을 거둬들여서 한곳에 모아 불살랐으며, 이 때문에 이
승희의 집안은 수십 년 동안 영남지방에서 배척되었다. 교
열을 거부한 허훈의 호는 방산이며 시문에 능했지만 일찍
이 과거를 사양하고 글과 술로 인생을 보냈다. 그의 아우
허위는 갑오년(고종 32년)에 세상에 태어났다.

갑오이전49

　　김평묵은 매산 홍직필에게 학문을 배웠는데 그
의 문하생 중에서 가장 뛰어난 제자로 인정받았다. 이때 조
정에서 홍직필에게 문하생 중 한 사람을 천거하라는 명을
내렸다. 이때 김평묵은 당연하게 자신이 천거되리라 생각
했지만 김병기가 자신의 형 병준을 천거하라며 홍직필을
위협하는 바람에 그 꿈은 깨지고 말았다. 이에 실망한 김평
묵은 홍직필을 떠나 이항오에게 학문을 배웠다.

갑오이전50

　　김평묵은 이항로 문하생 중에서도 자신의 진가
를 발휘했으며 또 한명의 문하생인 유중교와 쌍벽을 이뤘
다. 즉 김평묵은 재주가 뛰어나고 유중교는 마음씨가 두터
웠다. 두 사람은 나이도 비슷했는데 이항로가 임종에 가까
워졌을 때 "내가 죽으면 김평묵을 섬기라."는 부탁을 했다.
이항로가 죽자 유중교는 모든 문인들에게 먼저 김평묵을
섬기라고 했는데 결코 다투는 일이 없었다. 그러나 세상 사
람들은 "쉽지 않은 일이다."라고 했다.

갑오이전51

　　간재 전우는 자신의 문하생들에게 강제로 심의
(흰 베로 만든 소매를 넓게 하고 검은 비단으로 가를 두른
옷, 높은 선비의 웃옷)와 복건(은사가 쓰는 두건)과 치포관
(유생들이 평상시 쓰던 관으로 검은색의 베로 만든 관)을
입게 했는데, 일을 할 때도 벗지 못하게 했다. 또 죽영(가는
대오리를 꿰어 만든 갓끈)을 매고 목극(나막신)을 신었는데
참으로 이상한 복장이었다.
　목천군의 벌판에 아천장이 있었는데, 장이 서는 날이면
어김없이 심의와 복건과 치포관에 죽영을 매고 나막신을
신은 사람이 시장을 돌아다녔다. 시장사람들은 이들을 두
고 전학자의 문인이라고 했다.

갑오이전52

　전우는 몹시 가난해 추운 겨울에도 솜옷을 입지
못하고 여름에는 쌀 구경을 하지 못했다. 그래서 그는 울타
리 밖에 들 쑥 심어서 배가 고프면 뜯어 먹고 배를 채웠다.
　아들은 또한 왕골로 말갈기를 짜서 시장에 내다 팔아먹고
살았는데 이를 보다 못한 문인들은 그에게 직장에 나갈 것
을 종용해 직장을 구했지만 별 소득이 없어 가난함은 종전
과 같았다. 수년을 직장생활을 했지만 다른 곳으로 옮겼는
데, 사람들은 이 세상에서 가장 가난한 사람을 손꼽는다면
전우를 예로 들었다.
　전우는 성격이 강직해 한 개의 고기 포나 비단 한 올이라
도 타인이 주는 것을 좀처럼 받지 않았다. 특히 그의 높은
학문을 배우기 위해 많은 돈을 가지고 오는 사람들이 줄을
섰지만 절대로 받질 않았다.

갑오이전53

　　곽종석은 기억력이 몹시 뛰어났다. 소문에 의
하면 '동의보감'을 한 번에 읽고는 능숙하게 암기했다는
말이 나올 정도로 천재였다.

　최고의 경지에 도달한 예술실력과 이에 병학을 연구했으
며, 주역팔괘의 근본이 되는 하도낙서의 원리에 터득했다.
따라서 많은 무인들이 그를 추종해 따라다니면서 병학과
군사학을 배웠다.

　그의 재능이 세상에 알려지면서 대원군에게 발탁되어 관
직에 나아가 고속승진을 거듭한 끝에 강계부사까지 이르렀
다. 그러나 그는 이미 세상을 널리 이름이 알려져 있는 상
태였기 때문에 그의 주변에 경박한 무리들이 모여서 기정
진과 달리 특이한 기술을 가졌다고 추켜세웠다.

　이에 부담감을 가진 곽종석은 관직을 미련없이 버리고 태
백산에 수년간 입산했다가 가야산으로 옮겼다가 마지막으
로 거창 산중에서 수년간 지냈다.

갑오이전54

　　임헌회에게는 어린 아들 하나가 있었는데 갈산
에 살고 있는 김씨 집안과 혼인을 약조했다. 김씨 집안은
선원 김상용의 후손으로 선대부터 지금까지 홍주 갈천에서
살고 있었다. 그러나 임헌회의 아들이 열 살쯤 되어 요절하
자 김씨 집안의 약혼녀에게 부음을 보내어 집으로 하루빨
리 돌아올 것을 독촉했다. 그러자 김씨는 몹시 화를 내면서
도리어 약혼할 때 보낸 패물을 돌려 줄 것을 요청했다. 이
에 임헌회는 노발대발하면서 묘지를 무덤에 써넣었는데 묘
지에다가 안동 김씨 아무개의 딸이라고 써 넣었던 것이다.

서울에서 서민들이 조그마한 음식점을 차니 후
담장을 넣어 육탕을 끓인 후 그 탕에 국수와 밥을 넣은 장
탕반을 팔았는데, 겨울철 음식으로는 일품이었다. 음식은
서민층들에게 추운 겨울철에 따뜻한 곡기를 채우기엔 안성
맞춤이었다.

　하지만 밤이 되면 사대부 집안의 자식들까지 이것을 먹기
위해 들락거려서 제법 장사가 잘 되었다. 그러자 당연하게
음식점이 쌓여있는 엽전이 약탈의 목표물이 되었으며, 더
구나 밤에 한 떼거리들이 장탕반 식당에 둘러앉아 수십 사
발씩 먹은 뒤 돈을 내지 않고 도주하는 사건도 허다했다.

　따라서 이런 일을 여러 번 당한 장탕반 식당으로선 파산
할 수밖에 없다. 이런 말을 들은 이범진은 조잡한 도둑이라
며 침을 뱉으면서 꼭 검거하겠다고 했다. 마침 민영주는 시
장바닥에서 십 수 년 동안 망나니로 불리고 있었는데, 어느
날 밤 순찰 중에 걸려들었지만 이범진을 알아보지 못했다.

　민영주 패거리들에게 다가간 이범진은 큰소리로 "너는 어
찌 범보를 알아보지 못하느냐!"며 불타는 장작개비를 손에
잡아 그를 후려쳤다. 그러자 민영주는 다급하게 "영감님!"
하며 살려달라고 애원한 후에 풀려났다. 이후부터 시장바
닥에 나타나지 않았으며 무뢰배들은 범진을 범보라고 불렀
는데 범보는 망나니와 같다는 의미다.

갑오이전56

민승호가 죽은 지 수년이 지난 후 젊고 아름다운 후처 이씨는 몸가짐이 부정하다는 소문과 함께 민영주와 민영달과의 불륜관계를 맺어 아이까지 낳아 길렀다. 이에 사람들은 꿈속에서 죽은 민영호의 아이를 얻은 것이라고 비꼬았다.

이런 사실을 알아버린 민비는 그녀를 못마땅하게 생각해 금가루를 하사했는데, 그녀는 도리어 화를 내며 금가루를 내다버리면서 "과부가 남자를 맞아들이는 것이 마땅하거늘 중전이 어찌해서 나를 질책하는지 모르겠다."고 했다. 이에 민비는 그녀를 추하게 생각하고 다시는 보려고 하지 않았다.

그러자 이씨는 손윗사람에게 안부를 묻는 자신의 장점을 발휘해 민비의 마음을 돌리는데 성공했다. 이후 민비는 그녀를 불쌍하게 생각했고 두 사람의 관계가 다시 이어졌는데 그녀는 민비에게 언문편지로 청탁하면서 위세가 당당해져 모든 민씨들 역시 그녀를 섬겼다고 한다.

그녀의 친정조카 종필은 중임계급으로 과거에 급제한 지 16년이 채 안되어서 황해감사로 부임되었는데 이렇게 권력을 휘두른 그녀는 죽동에 산다고 하여 죽부인이라고 불렀다.

갑오이전57

　　남정철은 등제한지 2년도 안되어 평안감사가
되었는데 친인척이 아니고서야 이렇게 벼락출세한 사람이
없었다. 그가 감영에 있을 때 고종에게 진상하는 것을 한
번도 빠트린 적이 없었는데, 이를 두고 임금은 그가 충성한
다고 했다. 특히 영선사로 옮겨 천진으로 보내졌는데 이것
은 그의 뒤에 임금이 있다는 것을 나타낸 것이다.

　어느 날 민영준이 남정철을 대신해 평안감사로 부임하여
감사의 뜻으로 금을 녹여 아독연(왕이 타는 수레를 축소한
것)을 만들어 진상했다. 진상을 받은 고종은 얼굴색이 변하
면서 꾸짖었는데 "남정철 이놈은 정말 큰 도둑놈이구나.
관서지방에 이렇게 많은 금이 있는데도 불구하고 혼자서
다해먹었구나"라고 말하였다. 이때부터 남정철은 임금의
사랑이 식기 시작했으며 이와 반대로 민영준은 임금의 사
랑이 날로 더해졌다.

갑오이전58

　　고종의 탄생일인 만수절이 되면 지방감사나 수령방맥들이 당연하게 진상을 올리는데 진상품들의 모두가 임금의 측근을 통해서 이루어진다. 고종 24년에 민영소와 민영환이 조정에 나가갔을 때 김규홍은 전라감사였고 김명진은 경상감사로 재직하고 있었다.

　민영환이 먼저 김명진을 황공해하면서 목록을 집어 소매에 넣었다. 그 다음으로 민영준이 김규홍의 진상품 목록을 바쳤는데 목록엔 봄철에 입는 명주 500필과 생사로 짠 갑소 500필과 백동 5합 바리 50개 외 다른 것도 있었다. 고종은 흐뭇한 표정으로 "번신(번병의 관찰사)의 관찰사로서 예의가 이처럼 다르단 말인가? 김규홍은 나를 무척 아끼는구나."라고 했다.

　민영환은 용안을 물러나 돈 2만 냥을 더 보태어 진상했는데 그것은 민영환이 김명진의 사위였기 때문이다.

갑오개전59

정해년 가을에 전보국을 건설하고 전주를 세웠다. 전주는 의중서 서울까지, 서울에서 경상도 동래까지 세워졌다. 이에 따라 서쪽 길에는 역참제(일정한 거리를 두고 역마를 갈아타는 곳을 만들어 통신의 구실을 하던 제도)가 없어졌고, 남도 연도에는 봉화가 사라졌다. 이때 백성들 사이에는 "천리에 이어진 소나무가 하루아침에 하얗게 된다."는 예언들이 떠돌았다.

고종 31년 병자년에 일본사람이 한국 땅을 밟았는데 이 당시 가뭄이 심해 소나무껍질을 식량대신 먹었기 때문에 껍질이 벗겨진 채 하얗게 서있는 것이 허다했다. 이를 두고 백성들은 예언이 적중했다고 말했던 것이다.

이 말은 필자가 어렸을 때 들었는데 "어째서 흉년을 구하기 위해 초목이 참서(참언을 적어놓은 책)에 올라있을 이유가 있겠느냐!"며 공박한 기억이 있다. 이제 나이 들어 이런 경험을 겪고 보니 항간에 떠도는 소문일지라도 근거가 없다고 우기는 것을 좀 잘못된 생각이란 것을 알았다.

갑오이전60

　김윤식과 한장석은 유년시절에 몹시 가난하게 자랐는데, 자하동에 살면서 두문불출한 채 책만 읽었다. 사실 두 사람은 중년 이후 똑같이 벼슬길에 나아갔지만 김윤식은 이기주의 집단에 빠졌고 한장석은 자신의 우아한 품행을 스스로 지켜나갔다.

　모든 사람들은 관직의 순서가 앞에 닥치면 서로 명을 받으려고 애쓰기 마련이다. 민비는 한정석과는 친척의 정분이 있어 그를 매우 소중히 생각해 공보로 채용할 것을 약속했었다.

　일찍이 응제(왕명에 의해 시와 노래를 짓는 과거)의 방목(과거에 급제한 사람의 이름을 적는 책)을 내걸 때 한장석의 둘째아들 한창수는 초시에 방목에 있었지만 특명으로 대과와 전시(문과와 무과에 합격한 사람만이 왕 앞에서 치르는 과거)에 나가게 하였다.

　이후 한창수는 좋은 자리에 진출하면서 높은 벼슬길로 고속승진 했는데 한장석으로선 말릴 수가 없었다. 한장석이 죽자 한창수는 상중에도 불구하고 벼슬에 나아가기를 힘쓰다가 이웃들에게 비웃음을 당했다. 한장석의 장남 한광수는 과거에 합격하여 한림과 각신에 출입했지만 지혜롭지가 못해 친구들에게 웃음거리가 되었다.

　예로써 그를 잘 아는 사람들은 "한장석에겐 아들이 없다"라고 말할 정도로 아버지의 인품에 비해 못난 아들이었다.

갑오이전61

　　박규수는 정시의 시험관이 되어 과거응시의 답안지 하나를 집어 들고는 동료들을 향해 "나라에서 과장을 설치하여 인재를 뽑는 것은 앞으로 부리려고 하는 것이다. 다시 말해 진실로 똑똑한 인재를 얻기 위해서다. 비록 사적이던 공적이던 재공들은 이것을 어떻게 생각하느냐?"고 했다. 이에 그의 앞에 있는 모든 사람들은 박규수의 오른 뜻을 이해하지 못하고 그저 옳다고만 대답했던 것이다.

　　또다시 박규수는 "이 답안지는 틀림없이 한장석 것이다!"라며 답안지를 뜯었는데 그의 말 대로였다. 조금 후에 또 한 장의 답안지를 집으면서 "이 답안지는 김윤식의 것이다."라고 했는데 뜯어보니 과연 그랬다.

　　오래전부터 박규수는 그들을 물색했었기 때문에 그들의 필체를 알아보았던 것이다. 그러나 여러 사람을 대하면서도 의연히 스스로가 만족해 했는데 조금이라도 위축되는 태도가 전혀 보이지 않았다. 이것을 두고 세간 사람들은 "이것 또한 노론의 풍채와 태도인데 소론으로는 도저히 따라 가지 못한 것"이라고 했다.

명성황후

제 **2** 권

매천
야록

갑오이전

갑오이전(하) 1

　　일본 사람 정상각오랑의 모습은 누추하지만 문학에 재주가 뛰어났고 조선말을 배웠으며 뜻이 맞은 사람들과 친숙하게 지냈다. 눈 내리던 어느 날 밤 외무아문에서 곡연(임금이 궁중 내에서 베푸는 소리)이 열렸는데, 여러 사람들이 모여 운을 내어 시를 읊었다. 술에 취한 정상각오랑은 웃으면서 "오늘밤 기분이 너무 좋아 좀 지껄여도 괜찮겠지요?"라고 하였다. 이에 사람들은 "좋다!"고 하자 그는 "제공들이 평상시에 큰 목소리로 지껄이며 사대부를 자처하여 우리 일본인을 가리켜 왜놈, 왜놈 하는데 우린 왜놈은 왜놈이오. 그러나 당신들이 왜놈을 꺾어 굴복시켜야만

왜놈은 스스로 왜놈이란 것을 인정할 것입니다. 지금까지 왜놈들이 제공들이 사대부의 세 글자를 입에서 떠든다고 하여 물리칠 수 있겠소?"라고 했다. 그는 촛대 곁에서 연약을 빼어들고 빙빙 돌렸는데 마치 그 모습이 붉은 바퀴 같아서 금방이라도 튀어오를 것만 같았으며, 광염이 위엄 있고 기개가 높은데 그의 모습은 보이질 않아 그저 놀랍기만 했다. 한참 후 연약의 부딪치는 소리와 함께 정상각오랑은 촛불 오른쪽 가운데서 서서 "제

공들은 폐방을 나무라지 마시오. 통상초기엔 그대의 백성들이 우리를 죽이려 했지 않소. 나 같은 외국인이 검술을 익혀 당신들을 베면 좋겠소? 무력이 강해야 화의도 이뤄지는데 이젠 쓸모없게 되었소. 왜냐하면 조금 전에 내가 보여준 것이 바로 그 기술이오. 제공들은 입으로만 사대부를 빙자하지 말고 칼이 어떤 물건인가를 잘 알지 못하고 왜놈을 다스리겠다면 우리 왜놈들이 순종하겠소이까?"라고 하자 여러 사람들은 아무 말도 못하고 그저 '검술이 능하다'고만 했다.

갑오이전(하) 2

　　여름철에 3영을 개설하여 통위사에 민영익을
장위사에 한규설을 총어사에 이종건을 각각 임명했다. 청
주 병영을 폐지하고 통어영으로 고친 후 충청. 전라. 경상
도의 3남지방의 육군을 통솔하게 했다. 이것은 통제사가
해군을 맡는 것과 같은데 민응식을 통어사로 임명했다. 민
응식은 요직에 있었지만 정사는 돌보지 않고 매일 술독에
빠져있어 임금은 은밀하게 통어사로 임명하였던 것이다.

　그의 얼굴은 검고 큰 체격을 지녔는데 술을 너무 좋아해
코가 붉어져 딸기코라고 했다. 더구나 용모에는 촌티가 풍
겼다. 어느 날 공회 때문에 대궐 안에 있던 중 승지 윤상익
이 구부린 자세에서 "대감은 아직도 촌티를 벗지 못했구
려."라고 했다. 이 말을 들은 민응식이 퇴궐하면서 원망하
여 가로되

"오늘 대궐 안에서 아귀를 만났다."고 했다.

갑오이전(하) 3

조병식이 충청감사로 재직할 때 천안군 아전 전제홍을 자신의 심복으로 삼고는 공금하나 관물을 착복했다. 이러던 중 암행어사 이건창이 사실을 조사하기 위해 이곳에 왔다.

이때 모든 감영의 아전들은 조병식과 가까워 미리 연락을 받고 모두 도망쳐 검거하지 못해 조사를 할 수가 없었다. 이건창은 꾀를 내어 전제홍을 불러 그를 살려준다는 조건으로 부정 축재한 장부를 보여 달라고 했다. 그러자 전제홍 사흘 낮밤을 엎드려 울부짖으며 "나는 죽어 마땅하다. 그러나 오늘 살려주겠다는 은전을 입었으니, 또한 알려드리지 않을 수가 없다."고 했다.

부정 축재한 돈이 무려 10여만 냥에 이르렀고, 그의 부정을 조정에 장계로 올려 보고했다. 이에 감사 조병식은 전제홍이 불었다는 사실을 알고 원망하기를 "내가 전제홍을 죽인다면 죽어도 한이 없다."고 했다.

수년이 지난 후 조병식은 형조판서가 되어 관아에 앉아 있다가 길을 가고 있는 전제홍을 발견하고는 부하들에게 그를 체포하라고 명령했다. 조병식은 전제홍에게 한 마디의 말도 묻지 않고 큰 곤장을 때려 숨지게 했는데, 이것으로 미뤄보아 그의 성격은 어둡고 독했다는 것을 알 수 있다.

갑오이전(하) 4

서울에 사는 중인 출신 이덕유는 조선 최고의
부자로 민영준보다 재산이 많았다. 그가 젊었을 때 역관의
직위로 북경으로 가던 중 요동에서 어떤 죄수를 만났다. 그
죄수는 돈 천금을 주면 자신의 죽음을 면할 수 있다고 말해
선뜻 돈을 주었다. 수십 년 후가 지나서 또다시 중국을 들
어가다가 어떤 사람을 만났다. 그는 이덕유를 기다리기 위
해 일부러 공장(연화에 여러 가지 설비를 해놓고 막을 세운
것)을 차려놓고 있었던 것이다.

그가 말하길 "난 예전에 이미 죽은 목숨이었소. 공의 돈
을 갚으려고 기다렸지만 오지 않아 돈을 늘려서 전(밭)을
사서 큰 농장을 만들었다오. 지금 나에게 들어오는 소작료
만 해도 보리. 기장을 합쳐 1만석이나 됩니다. 이제 장부를
보시지요."라면서 장부를 이덕유에게 내밀었다. 이런 인연
으로 우리나라에도 중국에 농장을 가지게 되었는데 이것은
바로 이덕유로부터 시작된 것이다. 그 집에는 마제은(청대
의 은화)이 수개의 창고마다 가득했다.

이웃나라까지 이덕유는 이름을 떨치고 있었는데 임금이
중국지방에 돈을 쓸 경우에 그에게 어음을 받아 처리했다.
따라서 청국상인들은 임금의 옥쇄보다 이덕유의 어음을 더
믿었다.

갑오이전(하) 5

세자(후에 순종)는 음위(생식기가 위축되는 병)를 걱정했다고 한다. 사람들은 그를 고자라고도 하고 또 어린 시절에 궁녀가 그의 생식기를 빨아서 그렇게 되었다고들 한다. 나이가 점점 들었지만 그의 생식기가 흡사 고미 같았으며 시도 때도 없이 오줌이 저절로 나와 자리를 적셨는데, 하루에 한 번씩 요를 갈았고 두 번을 바지를 갈아 입혔다고 한다. 혼례를 치른 지 몇 해가 지났지만 부부간의 접교를 제대로 하지 못해 민비는 미쳐 날뛰었다고 한다. 그래서 민비는 궁녀를 시켜 세자와 교구하는 방법을 가르치게 했는데 문밖에서 지켜보며 큰소리로 "되느냐 안되느냐!"며 가부를 물었다고 한다. 궁녀가 안 된다고 대답하자 민비는 슬퍼서 몇 차례 한숨을 쉬다가 가슴을 치고 일어났다고 한다. 사람들은 이를 두고 "세자가 그렇게 된 것은 민비가 완화군을 죽인 죄 값을 받는 것이다."라고 했다.

갑오이전(하) 6

　　장안에는 예로부터 고자가 많았는데 재상 남공
철과 서승보 같은 사람들이 대표적인 인물이다. 남공철은
미남으로 주목을 받았으며 약관의 나이에도 불구하고 한각
에 출입하였다. 사람들은 그를 가리켜 "선관 같다."며 감탄
했다. 그가 궁궐에 들어가게 되었을 때 부인이 조복을 펼쳐
서 입혀주고 등 뒤에서 그의 어깨를 깨물고 대성통곡했다
고 하는데 그의 용모는 무척 아름다웠지만 잠자리에는 별
소용없었기 때문이었다. 서승보의 부인이 임종할 때 서승
보를 부르며 영경을 구할 때 웃으면서 "나는 깨끗한 몸으
로 살다가 간다."고 했다.

갑오이천(하) 7

　　김유연을 대배(재상을 제수함)할 때 고종은 사
사로이 말하되 김유연은 대신의 품격을 갖추고 있지만 고
집이 황소 같아서 부리기가 힘들다고 했다. 이 말이 있은
지 얼마 안 되어 그를 파면시켰다. 조병세가 우의정이 되어
처음으로 연석(임금과 신하가 한자리에 모여 자문주답하던
자리)에 오를 때에 고종은 좌우를 졸아보며 "이 사람은 정
직하여 뜻을 돌이키지 않는다."고 말했다.

　그 역시 여러 번 당언(바르고 좋은 말)을 했는데 고종은
그것을 싫어해 그 또한 파직시키고 두 번 다시 기용하지 않
았다. 그렇지만 심순택은 여러 차례 물러나다가도 다시 기
용되어 왕의 은덕이 줄어들지 않았다.

갑오이전(하) 8

임진(고종 29년) 봄에 도적이 운현궁에 들어왔지만 잡지 못했다. 대원군은 폐척(쫓겨나 배척당함)된 지 이미 오래되었으며 찾아오는 것이 있다면 갑자기 부딪치는 근심과 괴상한 화뿐이다.

그러므로 찾아오는 손님도 영영 끊어졌고 문밖은 잡초만 무성했다. 그러나 명성황후 민비는 끝까지 대원군을 꺼려 했다. 몰래 해치려고 음모를 꾸몄으며 극비에 붙여져 외간에서는 알지 못한 것이 많았다. 어느 날 밤 대어원군은 정신이 황홀하게 느껴져서 혼자 잠자리를 보기가 싫어 침금(베게와 이부자리)을 꺼내어 누워서 자는 것 같이 만들어 놓고 밀실로 자리를 옮겨 엿보았다. 조금 후에 문을 차는 소리가 있어 가보니 비수가 베개에 꽂혔다. 아들이 놀라서 얼굴빛이 달라지니 대원군은 "이것은 반드시 귀매(도깨비와 두억시니)의 짓이다."하였다. 다음 날 부대부인 민씨가 대경하여 바로 왕인 아들 앞에 가서 울며 호소하니 왕은 자세히 볼 뿐이었다. 민씨는 울며 나왔다. 서울장안에서는 서로 전하기를 춥지도 않은데 떨린다 하였다.

그 뒤에 또 어느 날 밤 대원군은 삼산의 편안치 못하여 전번에 있었던 일과 비슷한 생각이 들어 한숨을 지으며 "괴이한 일이다. 내가 어찌 죽음을 당하지 않을 것인고."라며 일어나서 추녀 밑을 산보할 때였다. 갑자기 방안에 화약덩

어리가 떨어지고 옥량(들보)이 부서졌는데 화약이 연속하여 폭발한 것이다. 대원군은 급히 명하여 소사랑과 산정의 부엌아궁이를 검색시키니 모두 말만한 화약궤짝이 있었는데 아직 불 줄이 달린 노끈에 열이 닿지 않았다. 소사랑 방에는 아들 재면이 거처하고 산정은 손자 준용이 있었다. 다음 날 대원군은 부인에게 "할아버지 손자가 다 같은 동갑으로 금년생(올해에 낳았다)이군."하였는데 이것은 삼대가 함께 이 해 같은 달, 같은 날에 다시 살아났다함을 말한 것이다.

갑오이전(하) 9

　　동학교도들은 마침내 해산했고 홍계훈은 군사
를 이끌고 돌아왔으며 조정에서는 축하하는 움직임이 있었
다. 그런데 비도들이 숨어있는 근심은 비로소 커졌다. 전라
疎宴뼈돗 사대부들은 모두 어윤중이 실책을 저질렀다고 하
였으며, 어윤중은 보은으로부터 잇달아 10읍을 순회하였
다.

　처음에 이도재의 형이 충청도에 살면서 무단을 자행하여
본토민에게 살해를 당했지만 마침 이도재가 적소에 있었기
때문에 세력이 꺾여 능히 형의 원수를 갚지 못했다.

　또한 사람을 보내서 하동군의 지리산에 있는 악양 손씨
무덤에 치총(묏자리를 미리 잡아 무덤모양과 같이 만들어
놓은 것)하였다. 치총이란 예전에 수장(생전에 만들어 두는
무덤)과 같은 것으로 나라 풍속에 다른 사람이 남의 무덤을
침범하는 것을 금했다.

　그러나 손씨는 외축(두려워 위축당함)되어 감히 항의하지
못했다. 사람들은 이 두 사건을 이르되 모두 선무사가 할
성질의 것이 아니라고 하였다. 어윤중의 전후 장계에 동학
을 가리켜 비도(비적의 무리)가 아니며 민당이라 했는데 이
것은 서양의 민권자들과 의미가 같은 것이다. 그러나 식자
층에서는 그의 실언을 허물했다.

갑오이전(하) 10

　　가을 7월에 전 정언 안효제가 상소하여 요사스
러운 무당 진령군을 죽일 것을 청했다. 안효제는 의령현 사
람이다. 상소문을 올리자 민영주와 박시순 등은 승지로서
승정원에 있었다.

　서로 돌아보며 상소문을 올려야 좋을지 몰라 상의하다가
민영주가 몹시 화를 내면서 "이렇게 흉악한 상소를 어찌
가히 올릴 수 있느냐?"고 하자 박기순이 "이 상소는 언사
(나랏일에 관계되는 일)에 관계되는 것인데 어찌하느냐?"
고 하였다. 정인학이 "도승지와 의논하는 것이 좋겠다."고
하였다.

　당시 김명규가 도승지였는데 상소문을 가져다 민영준에
게 보이며 봉소(상소문을 왕께 올림)의 여부를 물었다. 민
영준은 화를 내며 옷자락을 걷어 올리고 나가면서 "봉소하
든지 말든지 하는 것은 도승지가 결정을 내리지 못하니 세
상에 또 도승지(승정원의 6명의 승지가 있는데 도승지가
가장 서열이 높다)가 있단 말인가?"라고 하였다.

　김명규가 돌아와서 말하기를 "내 역량으로는 가히 봉소할
수가 없다"며 상소를 물리쳤다. 박시순이 탄식하며 "내버
려두고 말하지 않는다면 또한 다른 사람들이 그 말을 하는
것을 막을 수 있을 것인가?"라고 하였다. 상소문은 비록 올
리지 않았지만 부본이 서울에 많아서 고종과 민비는 빨리
그것을 볼 수 있었다.

갑오이전(하) 11

12월 외무참의 박용선을 파견하여 개성에서 일어난 민란을 조사하도록 지시했다. 김세기가 개성유수로 있으면서 잠상과 결탁하여 백성들의 재물을 빼앗음이 끝이 없어 개성부민 김흔 등이 난을 일으킨 것이다.

이때 유수 김세기는 변복차림으로 도망쳤다. 이것 뿐 만이 아니라 전국적으로 탐관오리들이 깔려있어 수탈이 끊임없었기 때문에 부적축재가 심하면 조사하여 죄를 주었다. 이것을 전후하여 귀양을 간 사람은 이돈하, 이용익, 전광연, 이근호, 이원익, 홍시형, 김영적, 심인택, 윤병관 등이다. 하지만 거물급 탐관오리들이 모두 빠져나간 상태로 처벌이 흡족할 수가 없었다.

제 **3** 권

매천야록

갑오년(고종 31년)

갑오년(고종31년) 1

    2월, 전라도 고부에서 민란이 자주 일어나자 군수 조병갑은 달아났다. 조정에서는 그를 잡아들여 문책하게 하고 용암 현감 박원명을 그의 후임으로 임명했으며, 장흥 부사 이용태를 안핵사로 삼았다.

  조병갑은 고 조규순 군수의 서자였는데 관직에 재직할 때 재물을 탐했으며 성질 또한 매우 혹독했다. 계사년(고종 30년)에 날이 가물어 흉년이 들었지만 조명갑은 이것을 무시하고 세금을 마구 징수해 백성들이 난을 일으켰던 것이다.

  박원명은 대대로 광주에서 살았는데 재산이 많았으며 재간까지 있었다. 또 광주사람들의 형편을 잘 알고 있었기 때문에 민영준이 그를 천거한 것이다. 이미 순천에서도 민란이 일어나 부사 김갑규를 쫓아내고 영광에서도 민란이 일어나 군수 민영수가 추방되었다.

갑오년(고종31년) 2

　　유생 홍종우가 상해에서 김옥균을 살해하고 돌아오자 국내에서는 김옥균의 역률(역적을 처벌하는 법령)을 추가하여 시행하면서 홍조우의 이름을 딴 종우과를 개설하여 그를 급제시켰다. 급제 후 그는 홍문과 교리로 제수되었으며 서울에 집 한 채도 받았다.

　　홍종우는 경기도 안산사람으로 집안이 매우 가난하여 전전긍긍하다가 고금도에 들어가 살았다. 일본으로 건너가 김옥균과 친구로 지내면서 틈만 있으면 그를 죽여 나라의 근심을 없애고자 했지만 그의 일당들이 많아 실천할 수가 없었다.

　　김옥균은 청나라로 건너갈 때 홍종우와 함께 상해에 갔는데 홍종우는 그를 살해한 다음 양칠로 시체를 칠해서 상하지 않게 국내로 들여왔다. 조종에서는 죽은 그를 노량진에서 육시처참(시체를 꿇어 앉혀놓고 처참하는 형)하라고 명령했다.

　　유재현의 아들은 그의 배를 갈라서 간을 끄집어내 씹었으며 이조연의 아들 탁도 현장을 보았다. 민영선, 민형식, 조동윤, 한인호 등 갑신정변에 희생된 아들들은 모두 현장에 오지 않았다. 민비는 이 소식을 듣고 탄식하여 "재앙의 혈윤(혈통)들이 중궁의 명사(양아들)에도 미치지 못하나"고 말했다.

갑오년(고종31년) 3

　　홍계훈을 양호초토사로 임명하여 장위영군사를
이끌고 호남의 민란을 토벌케 했다.

　4월 김학진을 전라감사에 임명하고 전라병사 이문영을
파직한 다음 서병묵을 임명했다. 당시 민란의 동태가 점점
긴박하여 서울에서는 하루에 서너 차례씩 놀랐는데 조정의
여론은 한결같이 강리(무력을 행사하여 강력히 다스리는
관리)로서 일을 수습할 수 없다고 하여 민영준을 꾸짖었다.
그렇지만 그를 능히 비호하지 못하고 드디어 이러한 명을
하게 되어 바로 내려 보냈다.

　김학진이 왕께 부임인사를 하며 형편을 보아 일처리를 하
겠다고 청하자 왕은 "경에게 일 처리를 맡기겠다."고 하였
다. 사실 김학진은 문인출신 관리로서 성격이 온화해 민란
의 처리를 감당할 재능이 없었다.

　부인과 작별할 때 두려워하며 눈물까지 흘렸는데 그것을
들은 사람은 혀를 찼다고 한다. 서병묵은 일찍이 병사로써
청렴하고 밝은 정치를 했기 때문에 다시 임명된 것이다.

갑오년(고종31년) 4

　　민영준은 고종에게 난민들이 봉기한다고 말하
면 죄책을 받을까 두려워한 나머지 신료들에게 외부의 일
을 알리지 말도록 당부했으며 비밀전보까지 못 보게 하였
다. 따라서 고종은 호남지방에서 일어나는 민란이 그같이
치열하다는 것을 알지 못했으며, 낮은 벼슬아치들 역시 기
밀을 얻지 못해 자세한 것을 알지 못했다.

　어느 날 조동윤이 왕을 뵈었을 때 고종은 장안의 동태가
어떠한가 묻자 그는 "사방으로 피난하고 있습니다."고 하
였다. 조금 후에 민영준이 들어오자 왕은 "장안의 동태가
어떠한가?"라고 하였다.

　이에 대답하기를 "예전과 같이 안정되었습니다."고 거짓
보고를 하였다. 그러자 왕은 "조동윤의 말대로 사방으로
피난을 한다고 하는데 경은 어찌 안정되었다고 말하는가?"
라고 말하자 민영준은 "조동윤은 작은 벼슬아치로서 도를
어지럽혀 왕의 총명을 가리려는 것입니다."라고 하였다.

　민영준이 나가자 조동윤은 마중을 나가 인사하며 큰소리
로 "전주가 이미 함락되었고 서울 장안이 텅 비었는데 공
은 백성들이 모두 안정되었다고 말을 하니 누가 난도(사설
을 주장하여 도리에 어긋나게 함)이며 누가 옹폐(막고 덮
음)가 되느냐?"고 따지자 민영준은 대답하지 못하고 노한
눈빛으로 나갔다.

갑오년(고종31년) 5

16일 일본 외무경 육오종광이 청국공사 왕봉조에게 공문을 통해 "목하 귀국과 본국은 동학당을 구축하여 제거하고 이미 안정을 찾았다. 현재 조선은 내치를 닦아야 하니 양국은 마땅히 각각 대신을 임명하여 조선에 보내어 여러 폐단을 살피게 하여 국고의 출납, 관리의 선발과 임용, 내란의 탄압, 군대의 정돈 등 조선으로 하여금 진흥의 실효를 거둘 수 있도록 하라고 하니 청컨대 귀대신은 귀조정에 전보로 알려 속히 시행하기를 바란다."고 하였다.

왕봉조가 회답을 보내오기를 바로 귀전을 접하고 황상께 전보로 상주했더니 회전에 "조선의 내란을 이미 평정하였으니 본국은 다시 외국에 대하여 군사를 개입시키려는 생각이 없다. 후환을 예방하자는 일관의 뜻을 따르는 것이 비록 좋다고는 하지만 단지 그 나라의 내치는 스스로 그 나라가 정돈할 문제다. 우리 중국이 간여하는 것도 옳지 않은데 귀국은 이미 조선은 자주국가가 되었다고 인정했는데 왜 귀국이 그 나라의 내정에 참여한단 말인가? 이러한 정의는 변명할 여지도 없이 자명한 것이다. 또한 피차 철병을 하여야 하는 일은 이미 을유정약(갑신정변 이후 청. 일 양국간에 맺은 천진조약을 말함)에 있는 조문이니 스스로 대조하여 판리함에 응해야 하며 재차 의논할 가치조차 없는 것이다."고 하였다.

23일 육오종광은 또 왕봉조에게 전문을 보냈는데 "폐국은 귀국에 청한 바를 일체 듣지 않으니 폐국으로 하여금 같은 마음의 정의를 잃게 한 것이 어찌 슬프지 아니한가? 조선은 음계(음모)를 쌓아 화란을 길렀기 때문에 크게 폐국의 해가 되었다. 또한 그 나라는 자주 능력이 아주 희박하여 중임을 맡길 수가 없다. 그 나라와 폐국이 관계되는 것은 유독 통상의 문제만이 아니라, 좋은 법을 베풀어서 국면을 보전시키고자 하는 것이다. 만약 얼마가 지나서 화란이 더 치열해진다면 이제 양국이 군대를 철수하기 전에 규모를 정정해서 조선으로 하여금 판리의 실마리를 찾아 문란하지 않게 한 다음에 개가를 아뢰고 군사를 철수하자. 만일 이 마음을 양해하지 않으면 마침내 거절하는 것으로 알고 우리나라는 결코 철병하지 않겠다."고 하였다.

갑오년(고종31년) 6

민영준을 임자도에, 민형식을 녹도에, 민응식을 고금도에, 민치헌을 홍원에, 김세기를 영양 등으로 귀양을 보냈지만 백성들은 그들을 처형하지 못한 것을 안타까워했다. 더구나 모든 민씨 고관들은 도망쳐 숨어서 자기자리에 나아가지 않았고 김세기 역시 그들과 똑같아 백성들은 더욱 분통이 터졌다.

김윤식을 강화유수로, 김학진을 병조판서로, 장흥부사를 전라감사로, 이유인을 함경남도 병사로, 이규석을 춘천유수로 삼았다. 해군, 육군의 업무를 모두 대원군에게 품결하도록 명하고 김홍집을 영의정으로 삼았다.

24일 귀양을 갔던 모든 사람들이 특사되었는데 신기선, 이도재, 안종수 등을 비롯해 권봉희, 안효재, 조희일, 여규형까지 석방되었지만 홍진유는 이미 죽었다. 권봉희, 안효제는 함께 홍문관 교리로 임명되었다. 당시 박영효는 일본공사 대도규개를 따라와 이현 일본공관에 잠복하고 있으면서 대도규개가 기획한 일을 도왔다고 하지만 실은 박영효가 교사한 것이 더 많았다고 한다.

군국가무처를 설치하고 영의정 김홍집을 회의총재로 삼고 박정양, 민영달, 김윤식, 김종한, 조희연, 이윤용, 김가진, 안경수, 정경원, 박준양, 이원긍, 김학우, 권형진, 유길준, 김하영, 이응익, 서상집 등을 회의원으로 뽑아 날마다 만나 크고 작은 사무를 처리하여 임금에게 상주하면서 명령을 받도록 하였다.

갑오년(고종31년) 7

27일 변법(신법)을 제정했다. 하나, 각 나라에 전권대신을 보내어 자독립을 선포한다. 하나, 청의 광서연호를 정지하고 개국기년으로 사용한다. 하나, 영원토록 사색당파를 없애고 오직 재주 있는 사람을 채용한다. 하나, 문벌과 양반, 상민의 격식을 없앤다. 문존무비(같은 계급에서 무관을 문관보다 낮게 대우함)를 없애고 품계에 의거한다. 하나, 죄인은 자기 외의 연좌제를 폐지한다. 본부인과 첩이 아들이 없어야 양자를 받을 수 있다. 하나, 남자는 20세, 여자는 16세 이상이 되어야만 결혼할 수 있다. 하나, 부녀가 재가를 해도 귀천이 없으며 그것은 자유에 맡긴다. 공사의 노비를 폐지하고 인신매매를 금지한다. 하나, 각 아문에 있는 천관(사환)은 필요에 의해 가감할 수 있다. 하나, 역인이나 후궁의 여비나 백정도 천한 신분을

고종 왕실 사진

면한다. 비구니가 성내로 들어오는 것을 금지했던 것을 폐
지한다. 상례를 고쳐서 기복(상중에 있는 관리를 탈상 전
관직에 복직하는 것)을 허락한다. 하나, 조관의 복식제도에
서 왕을 아련할 때 입는 공복은 사모. 장복과 반령의 좁은
소매로 하고, 집에서 입는 사복은 옷 칠을 한 갓과 답확과
사대이고, 선비나 서민들은 갓. 두루마기. 사대이고, 병정
은 조례에 준하되 장관도 병정과 같이한다. 정부이하 각 사
와 각 궁방의 돈과 곡식 비롯해 논밭을 일일이 조사한다.
하나, 나라를 다스리는 모든 것과 관계되는 일은 비록 천민
이라도 진실로 의견만 있다면 마땅히 기무처에 글을 올려
의원에게 허락을 받는다.

　이상 여러 조문의 이름을 안건이라고 하는데 그 조항의
제목을 모두 기록하지 못했는데 후일에 첨가하겠다.

갑오년(고종31년) 8

　　10개의 아문을 개혁했었다. 궁내부. 의정부. 내무아문. 외무아문. 탁지아문. 군무아문. 공무아문. 학무아문. 농상아문. 법무아문 등이 그것인데 전에 있던 관원들에게 관직을 맡겼다.

　이밖에 종백부와 종친부가 있지만 전문아문을 두지 않고 또한 부속된 곳도 없었다. 또 한성부와 경무청을 두었는데 이것은 10개의 아문 이외에 있고 담당직이 축소된 것이다.

　궁내부 이하의 아문은 대신. 협관. 참의. 주사 등의 관원을 두었는데 이전에 있던 판서. 참판. 참의. 정랑. 좌랑과 같았다. 오직 의정부만 총리대신 1명, 좌우찬성 1명, 사헌 5명, 참의 5명으로 체제가 다른 아문에 비해 중요했다. 크고 작은 관계는 칙임. 주임. 판임의 세 등급으로 나누고 1품에서 2품까지는 정. 종의 구별을 두었지만 9품에 이르기까지 정. 종의 구별을 두지 않았다. 지금까지 존재했던 문과. 무과. 대소과를 전부 폐지하고 선거조례를 정했다.

　하나, 각 대신은 각자 소관 판임관을 벽제(불러내어 관에 임명함)한다. 하나, 서울에 사는 사람은 귀천을 가리지 말고 인품과 재주와 사무에 정총한 자를 뽑아서 선장을 발급하여 전고국(조선말기 판임문관의 시험을 맡아보던 곳)에 위탁하여 보낸다. 선장 안에는 그 사람의 재기(품위와 재간)을 밝히고 전고국에서 보통시험에 합격되면 다시 특별

【梅泉野錄】

시험을 치른 뒤 각 아문으로 보내어 등용시킨다.

하나, 학교를 많이 설치하고 정부 관칙에 의해서 각 도는 향공법(지방장관의 추천을 받아 과거에 응시하는 것)에 의거 천거하여 올린다. 청해진 향공의 인원은 경기도 10명, 충청. 전라도 각 15명, 경상도 20명, 평안도 13명, 강원도 10명, 함경도 10명, 서울의 5부와 제주도는 각 1명이다. 때를 만나 뜻을 이루려는 무리로서 교활하고 간사한 자들은 이 신법을 찬성해 청나라를 배반하고 일본에게 아부하였다.

이 가운데 오로지 김홍집만은 그렇지 않았다. 그는 날마다 의정부에 앉아 사무를 보면서 속을 태무여 생각했다. '무릇 신설한 것은 노력하여 실효를 거둬야한다'고 생각하면서 모든 관료들에게 "우리들은 이미 변법의 소인이 되어 청의의 죄를 지었으니, 또다시 나라를 그르치는 소인배가 되어 후세에 죄를 짓는 것은 옳지 못하다. 한때의 부귀를 좋아하지 말고 각자 힘을 다해 노력하라!"고 말하였다. 이에 따라 많은 사람들이 그에게 관용을 베풀었다.

갑오년(고종31년) 9

　　나주목사 민종열과 영장 이원우가 끝까지 성을 지켜 적의 침입을 막았다. 홍계훈은 전주에서 체포한 반민들을 놓아주고 이원희와 함께 차례로 올라왔는데 김학진은 반민을 무마해서 제어할 재주가 없었다. 반민들은 관리들을 심히 믿을 수 없다고 외쳤다. 지금 나라는 크게 어지러워 동학교도들은 '천리물'을 대신하여 나라를 돕고 백성을 편안히 하겠다고 호언했다. 마침내 대포와 군마를 거두고 재물과 곡식을 나눠주었다.　이 당시 탐관오리들은 사방에서 약탈을 해 난민들은 곳곳에서 봉기했는데, 천리가 호응하여 순월사이에 3남지방은 더더욱 어지러웠고 고을의 수령들은 반민들을 피해 도망을 가거나 욕을 당하는 바람에 한사람도 자기자리를 보전하지 못했다.

　동학교도와 반민들이 나주로 향하자 나주목사 민종열은 지방의 아전과 백성을 이끌고 성을 지키는 계략을 세웠다. 또한 영장 이원우는 용감하고 지략까지 겸하고 있었기 때문에 사람들은 그를 의지하고 있었다. 적들은 자신들에게 대항할 것을 요구하면서 나주성을 무참히 짓밟아 놓겠다고 장담했다.

　이원후는 복병을 숨겨두었다가 적들을 공격한 후 달아났다. 그러자 적들은 분함을 이기지 못해 여러 차례 공격을 했지만 번번이 패하자 선뜻 성을 공격하지 못했다. 이들의 선전으로 성을 지켜낸 곳은 오직 나주성 뿐이었다.

갑오년(고종31년) 10

　　의안을 지난번에 이어 또 정했다. 하나, 갑오년 10월부터 각항의 부세를 바치는 것은 모두 돈으로 바친다. 은행을 설립해서 공전을 공급하며 미곡과 바꿔서 서울로 보내며 원전은 탁지부에 바친다.

　하나, 도량형기구인 말. 곡. 저울을 개정해 새 양식으로 고쳐 사용하며 종전의 문란했던 것을 방지한다. 하나, 신구 화폐의 태환법규를 정한다. 하나, 높은 관료에서 일반서민에 이르기까지 목패에 집주인 이름과 주소를 써서 대문에 붙인다. 하나, 각 도 상납관인 포리와 포령들은 각 도 책임자가 조사해서 빨리 보고한다. 하나, 각 지방엔 향회를 설치하고, 각 면단위로 한 사람씩 뽑아 향회원을 만들어 공회당에 모이게 한 다음 그 읍면의 업무시행을 헤아려 정한다. 하나, 크고 작은 관원들이 범한 공죄나 사죄는 모수 법무아문에서 법률에 의해 처벌하도록 하며 일반민간인도 이와 같다. 하나, 총명하고 키가 헌칠한 자제들을 선발하여 외국에 유학시켜 인재를 양성한다. 하나, 각 서리들은 글도 잘하고 계산도 빠른 재주꾼을 선발해 사용한다. 하나, 민영준은 권병을 빼앗아 농간을 부리며 대황제를 저버리고 국민을 학대했고, 김창렬의 어미(진령군)는 신령을 가탁해서 위복(위력이 있고 부귀함)을 조종했고, 민형식은 세 도를 관할하며 나쁜 독이 만인에게 흘렀으니 죽여야 마땅하다. 그

렇지만 아직 죽이지 못해 여론이 빗발치고 있어 청컨대 일
체 그들을 형률에 적용하여 신과 인간의 분함을 풀어준다.
하나, 10년 이내에 백성의 재산이 권세가나 지방 호족들에
의해 강제로 빼앗겼거나, 억압에 이기지 못해 헐값에 판 사
람은 본 주인이 기무처에 억울함을 알리는 것을 허락하며
사실을 조사한 후에 돌려준다. 각 부 아문은 외국인 고용원
한사람을 두어 고문역할을 하도록 한다.

갑오년(고종31년) 11

　　또 안건이 있어 대소관원을 막론하고 출입할 때
는 말을 타거나 걸어가거나 마음대로지만 초헌(한 마리의
말이 끄는 작은 수레)과 평교자(의자처럼 생긴 가마)는 모
두 폐지한다.

　하나, 대소관원 및 서인이 말에서 내려 회피하는 규칙은
가리지 않는다. 하나, 관직에 있어 상피(같은 곳에서 벼슬
하는 것)규정은 아들. 사위. 친형제. 숙질간 외에는 친인척
관계를 논하지 않는다. 하나, 장률을 엄하게 다스려 장물은
오직 관청에서만 몰수한다. 하나, 벼슬아치는 재능에 따라
등용하며 구애를 받지 않는다. 일곱 계층의 천민들도 천한
신분을 면제받은 후에 재능에 따라 채용한다. 하나, 고등관
을 지냈지만 관직을 그만둔 뒤에는 마음대로 상업을 경영
할 수 있다. 하나, 국내외 공사문자에 외국국명. 가기 지면.
인명은 마땅히 서양문자를 사용하며 국문으로 번역한다.
이상의 안건은 짧은 기간에 실시한다.

　그렇지만 명목은 있지만 실제 실행하지 않은 것도 있고,
또 오래 실행하였는지 다시 고쳤는지에 대한 안건이 없으
며, 문적이 혼잡하고 번거로워서 다 기록할 수가 없다. 다
만 한 두 개를 기록하여 한때 조치해서 시행한 대강만을 보
려고 기록한 것이다. 따라서 이 뒤부터는 기록하지 않겠다.

갑오년(고종31년) 12

　　조희일을 관서 선유사로 임명하고 백성들을 초무(불러다가 어루만지며 위로함)하게 했다. 청국병은 대동강에서 의주까지 육로로 달아나면서 군읍을 약탈했으며 이에 수령들은 도망을 했다. 따라서 약탈당한 군읍과 마을은 그들에게 재물을 모두 빼앗긴 터라 궁핍하여 밥 짓는 연기를 수 백리에 이르기까지 볼 수가 없었다.

　　김가진은 일본공사 대도규개에게 평양승리를 착하하자 그가 말하기를 "이번 전쟁으로 백성들이 크게 놀라 동요되고 있어 걱정입니다. 그래서 난 이미 사람들은 보내어 백성들은 안심시키고 있는데 귀국은 왜 한 사람의 관리도 파견하지 않소이까?"라고 하였다.

　　그러자 김가진은 속여서 말했는데 "그럴 리가 있겠습니까? 선유사가 벌써 출발했습니다."라며 의정부로 돌아와 대도규개의 말을 김홍집에게 전했다. 그는 고개를 끄덕이며 "그 말이 맞소. 그럼 누구를 보내면 되겠소?"라고 묻자 김가진은 조희일을 추천했다.

　　뭇사람들이 말하길 "조희일은 20년을 패척(관직에서 쫓겨나 배척당함)당해 현 시국에 어둡고 더구나 귀양살이에서 돌아왔기 때문에 적합한 인물은 아니다"라고 했다.

　　그러나 김홍집은 그렇지 않다고 하면서 "이제 민간인들은 유언비어를 듣고 조정 대신들을 모두 왜당으로 취급해 서쪽 백성들은 항거하며 고맙게 받아들이지 않는다. 이제 선유사를 파견하는데 만약 우리 쪽에서 사람을 보낸다면 누가 믿을 것이며 누가 따르겠는가? 순유(조희일의 호)는 오랫동안 갇혀있어 시배가 아닌 것은 조야가 공지하는 바이니 이 사랑이야 말로 바로 보낼 수 있는 인물이다. 따라서 그의 재간과 꾀는 믿을 만하지 않은가? 나라 일이 너무 급박하게 돌아가고 있어 순유도 꼭 사양하지는 않은 것이다."라며 즉석에서 고종에게 재가를 얻었다.

갑오년(고종31년) 13

청나라 해군제독 정여창은 일본 장수 이동우형을 맞아 압록강 어귀 대동구에서 싸웠지만 패했는데 이때 등세창과 임태증이 전사했다.

이달 초에 이홍장은 평양성에 원병을 급히 보내달라는 전갈을 받고 해군 4천명을 발하여 철갑병함 6척, 수회선 4척, 상륜선 5척에 군인과 근과 군량미를 싣고 15일 대동구에 도착했다.

16일 새벽녘 멀리 남쪽을 바라보고 있을 때 검은 연기가 치솟는 것이 보였다. 이것은 일본군함 2척이 갑자기 들이닥쳐 청국함대를 포위하여 공격하는 것이다. 일본군함의 속력과 대포의 사정거리는 항상 청국군보다 앞섰다. 청국함대는 일본군함의 공격을 견디지 못하고 4척이 침몰하고 2척은 도망하였는데 이때 등세창과 임태증이 바다에 빠져 전사했던 것이다.

군졸들의 사망자는 무려 1천여 명이었으며 제독 정여창은 여순항구로 도망쳤다. 이홍장이 파견한 수륙양군이 일시에 무너지는 바람에 우리나라를 구원하는 것보다 자국의 보호만 급급하였다.

이때 국내에서는 청군의 평양 폐전소식이 들리자 갈팡질팡하여 의지할 곳이 없어졌다. 그러나 일본을 동경하는 무리들은 이를 기쁘게 받아들이고 있었다.

갑오년(고종31년) 14

갑오 9월, 호위부장 신정희를 순무사로 임명해 서울에 부를 두고 모든 군사를 절제케 하여 3남지방의 동학교도들을 토벌하게 했다. 당시 동학가교세가 일파만파로 퍼지면서 10읍이 거의 무너지지 않은 곳이 없었다. 이런 추세를 몰아 동학교도들은 북으로 경기도까지 침공하여 안성과 죽산을 함락시켰기 때문에 이런 명을 내렸던 것이다. 신정희는 영관 이두황. 성하영 등을 먼저 보내 방어토록 했다.

갑오년(고종31년) 15

갑오 10월, 겨울, 10월에 김학우를 암살했다. 그는 관북사람으로 천한신분으로 태어나 출세한 사람이다. 개화기에 민감한 그는 당시의 사람들보다 재주가 뛰어나 수개월 중에 법무협판에 발탁되었다.

법무협판에 있으면서 밤에 빈객들을 초대하여 술을 마셨다. 술이 취했을 때 상제 한사람이 당에 올라와 "여기가 김 협판 댁이냐?"고 묻자 김학우는 "그렇다."고 하자 또 묻길 "누가 주인이냐?"고 물었다. 김학우가 "내가 바로 주인이다."라고 대답했다.

그러자 상제는 계속 절을 하려고 했으며 이때 한사람이 단상으로 뛰어올라와 단칼을 휘둘렀는데 김학우의 머리는 떨어졌고 옆 사람까지 부상을 당했다. 그와 함께 술을 마시던 사람들은 놀라서 꼼짝 못했으며 상황이 진정되자 범인을 찾으려고 했지만 벌써 도망친 후였다.

이 사건으로 장안은 발칵 뒤집어지고 졸지에 귀하신 몸이 된 시배들은 자객이 두려워 경무청에 명하여 범인을 체포하라고 했다. 끝내 범인을 체포하지 못하던 중 전동석사건이 터지자 비로소 그가 범인이란 것을 알았다.

그가 체포되어 심문을 했는데 그는 "시배들을 모두 죽이기로 작정했지만 결국 김학우만 죽이고 나머지를 죽이지 못했다."고 했다. 이때 사건을 배후에서 조정한 사람이 대원군이라고 지목했지만 이 사건은 끝내 밝혀지지 않았다.

갑오년(고종31년) 16

　　관군과 일본장수 영복창 등이 동학군을 쫓아 공
중에서 대승을 거두었다. 이두황은 내포로 들어가 신창과
해미지역을 다니며 승리를 거두었다. 그러자 동학교도들
은 부적과 주문을 내세워서 "총탄과 화살을 충분히 막을
수 있다"고 속였는데 많은 사람들이 이것을 믿었기 때문에
싸울 때마다 죽음을 겁내지 않고 물러서지 않았다.

　따라서 경영의 군사들이 양총을 가졌지만 군기가 엄하지
않아 수많은 동학군을 이길 수 없었으며 싸움에서 전세가
훨씬 불리했다. 그러자 하는 수 없이 일본군에게 동학군의
토벌을 요청했다.

　일본군은 동학군보다 먼저 공격을 하는데 군기가 엄하고
무기가 정교하며, 명령을 내리면 잽싸게 전진하고 또 탄약
또한 풍부해 동학군들이 당해낼 수가 없었다. 그래서 이두
황 등은 연이어 승리를 했는데 남하한 관군과 일본군은 모
두 합쳐 2천 명이었다.

갑오년(고종31년) 17

갑오 11월, 한기동을 공무대신에, 이건창을 법무협판에 임명하였지만 한기동과 이건창은 상소를 올려 극구 사양하고 받아들이지 않았다. 박영효를 내무대신에, 조희연을 군무대신에, 서광범이 법무대신에, 신기선이 공무대신에, 윤웅렬이 경무사에 각각 임명되었다.

그러자 박영효는 많은 불량배들이 남몰래 방문하였으며 또한 사대부들도 꼬리를 이어 따라붙어서 그의 집 대문은 시장 같았다. 그러나 박영효는 원수진 집들이 기회를 보아 자신을 해칠까 두려워 일본군인을 파견시켜 대문을 지키게 했다.

서광범 역시 따라 이르니 모두 탁용(많은 사람 가운데서 뽑아 씀)하였다. 이때 행정용인들은 모두 일본인에게서 추천된 인물들로 김홍집에 고종께 아뢰니 고종은 알았다고 하면서 도장을 찍을 뿐이었다고 한다.

# 갑오년(고종31년) 18

　　갑오 12월 5일 호남동학군이 장흥을 함락하고
이때 부사 박헌양이 죽었다. 박헌양은 7월 중에 부임했는
데 그가 떠나려고 할 때 친구가 붙잡았지만 그가 탄식하기
를 "평일에 국녹을 먹고 살았는데 어찌 위험하고 어지러운
곳이라고 피할 수 있겠는가?"라고 하였다.

　또한 양호지방의 동학군은 연달아 서울 군사에게 패하여
남쪽으로 달아나 장흥 강진사이에 모였다. 장흥의 수비태
세가 엉망인지라 부사에게 도망하라고 권유했지만 그는 꼼
짝도 하지 않았다.

　동학군이 도착하자 박헌양은 군복에 인부를 띠고 당상에
앉아서 크게 꾸짖었다. 그러자 동학군은 그를 끌어내려 해
쳤는데 박헌양은 눈을 부릅뜨고 주먹을 쥐고 죽었다.

갑오년(고종31년) 19

　　10일 동학군은 장흥에서 강진병영을 공격하여 병사 서병무는 성을 버리고 도망치고 중군 정규찬은 전사를 했다. 장흥과 강진이 함락되자 병사 영문은 몹시 두려워했으며 서병무는 영암을 향해 달아났고 성중은 싸울 의지를 잃었다. 중군은 정규찬이 여러 차례 계략을 썼는데 병사 서병무가 듣지 않아 탄식하며 말하기를 "나는 이미 죽은 것이나 다름없다."고 하였다.

　얼마 후 적들이 성을 넘어오자 정규찬은 견디지 못할 것을 알고 그의 손자와 함께 적진으로 뛰어들어 죽었다. 동학군은 수일동안 이두황 군사에게 쫓겨 해남경계로 도망했지만 바다가 막혀 도망갈 곳이 없었다. 이두황은 이규태와 함께 일본군과 합세하여 공격하여 대파시켰는데 동학군 3만 6천명을 참하였다.

　전라감사 이도재가 김기범을 체포한 후 전봉주 등을 사로잡아 수레에 싣고 서울로 압송했다. 영남토포사 지석영이 일본군을 합류시켜 선봉이 되어 낙동강 좌우를 소탕하였고, 이두황 등은 호남지방을 모두 소탕했는데 이제 전라도와 경상도지방이 다 평정되었다.

갑오년(고종31년) 20

　의정부를 내각으로 이름을 바꾸고 처소를 수정전으로 옮겼다. 규장각은 내각이라 부르지 않는다. 대소관원의 상견 상칭례(서로 만났을 때 칭하는 예)를 정했다. 또한 감사. 유수. 병사 이하 관원들은 지금부터 밀봉하여 상소하지 말고 사무를 분별하여 해당아문에 보고하여 요지를 참작해서 상주하도록 한다.

　또 각 지방의 이치(관리가 다스림)와 민은(국민이 악정에 시달리어 고통 받음)은 내무아문에서 관리를 파견해 채방(물어가며 찾음)하여 교구(교정)가 정리하도록 한다. 조신의 대례복은 흑단령(검은 단령)을 사용하며 궁에 들어갈 때의 통상예복은 두루마기와 답호(예복아래 조끼)는 흑색으로 하고, 토산 주포와 사모와 신발은 다음해 정월 초하루부터 시행한다.

　이제부터 경거망동하게 언사(나라와 관계되는 일)를 의탁하여 국시를 흔드는 자는 본 상소문을 봉입하지 말며, 진소한 사람은 엄히 죄를 묻는다. 전후 죄를 받아 억울하게 당한 자는 누명을 벗겨서 놓아주며, 이미 죽은 자는 관직을 회복해준다. 이상 모든 조목은 모두 칙령으로서 시행한다.

갑오년(고종31년) 21

　　이때 궁내에 관보다 각 도의 문서는 모두 한문과 국문을 섞어서 글자를 만들어 사용했는데, 이것은 일본 글의 문법을 본받은 것이다. 내국방언을 보면 한자를 진서라 불렀고 훈민정음을 언문이라 불렀는데 통틀어 이것을 부를 때는 진언이라 했다.

　　갑오 후에 시무를 재촉하는 이들은 언문을 추켜서 국문이라 부르고 진서는 외국 글이니 한문이라 부르자고 하였다. 따라서 국한문의 세 글자가 모두 방언이 되었는데 그런고로 진언이라 부르는 말이 없어졌다. 경박하게 날뛰는 사람들은 한문은 마땅히 폐지되어야 한다며 의론에 앞장섰지만 이를 따라주는 사람들이 없어 그쳤다.

　　청국병이 요동만에서 일본군에게 항거했으니 계속 싸워 모두 패했고 문둥. 영해. 영성 등의 읍진이 차례로 함락되어 일본군은 드디어 위해위를 침공하였다.

명성황후

제 3 권

매천야록

갑오년(고종 32년)

을미년(고종32년) 1

　1월, 개국 504년(청광 서 21년, 일본명치 28년)
에 청국기년을 폐지했다. 그러나 역수의 대조선국 개국
504년 세차 을미 밑에 아직도 시헌서(조선시대의 역법) 세
글자를 썼는데 기년을 개칭했어도 역은 아직까지 고치지
않았다.

　이에 따라 시헌서를 그래도 사용했다. '역' 대신 '서'라고
한 것은 예전대로 사용한 것인데 청국인들은 '역'자 대신
'서'자를 사용했다. '홍'과 '역'의 두 들자는 갑오 전 공문
에다가 사용하기를 꺼려해 김홍집도 '홍'자를 '굉'자로 써
서 김굉집이라고 불렀다.

　또 역관들 중 현씨 성을 가진 사람이 많았는데 항상 북경
에 들어갈 때 '현'을 '원'으로 사용하다가 비로소 그 성을
제대로 불렀다. 이것은 청나라 황제의 이름자가 현엽이었
기 때문에 '현'자의 사용을 꺼려했기 때문이다.

을미년(고종32년) 2

　　영은문을 헐고 삼전도비를 쓰러뜨렸다. 영은문
은 서울 서문 밖 수리에 있었다. 명나라 때는 연조문이라고
부르던 것을 순치(청나라 3대 임금) 후에 영은문으로 개칭
하였는데 이곳은 중국사신을 맞이하던 곳이었다.

　비석은 한강 삼전도에 있었는데 병조호란이 일어난 다음
해인 정축년(인조 15년)에 도성을 점령당한 후 청국이 우리
나라를 억압하여 그들의 전공을 기록한 것으로 사신 이경
석이 비문을 지었다.

　천자가 십만 명을 이끌고 우리나라로 정벌 온 내용인데
비문은 몽고 글자로 씌어져 우리나라 사람들이 읽어 해독
하기가 어렵다. 이번 일로 청나라와의 관계가 완전히 끊어
졌으며 사대의 의절도 모두 없애버렸다.

　그래서 영은문도 파괴한 것이다. 김가진 김상용의 후손으
로 팔을 걷으며 말하기를 "이제부터는 족히 여러 왕대에
걸쳐 당했던 굴욕을 풀고 여러 백성들의 사사로운 원수를
갚았다."고 했는데 개화의 이득은 어떤 것인가?

을미년(고종32년) 3

2월에 각 도에 시찰위원을 파견했다. 경기도에 김우용, 충청좌도에 김정택, 충청우도에 차학모, 경상좌도에 홍건조, 경상우도에 이병휘, 전라좌도에 권명훈, 전라우도에 조협승, 황해도에 안종수, 강원도에 김일하, 함경도에 김항기, 평안북도에 김낙구 등을 각각 파견시켜 민란 후 정형을 탐색하게하고 민간의 질고를 문의하며 개화장정소관과 물산의 관애(통하고 막힘)의 종류에 이르기까지 두루 관할했다. 그 직책은 과거의 암행어사보다 더 높았지만 마패 없이 암행했기 때문에 어사의 위엄에 비하면 떨어지는 편이다.

그들이 임지로 떠나기 전에 탁지부로부터 많은 여비를 받았는데 이것은 지방에서 민폐를 끼치지 말라는 것이다. 그렇지만 각자 담당지역에 들어가서 버젓이 관에서 제공하는 음식을 대접받았는데 다른 문제는 짐작해 알 수 있다.

이후부터 이들의 시찰에 딸린 것이 물고기새끼와 붕어 떼 같아서 이유가 없으면 본 것도 기록하지 않았다. 이것을 실행하게 된 것은 박영효의 뜻에서 나온 것으로 그들에게 살피라는 조목은 무도 40조에 달했다.

을미년(고종32년) 4

　　내지정배법을 폐지하고 이제부터 죄가 가벼운 자는 벌금. 면직. 감금하고, 죄가 무거운 자는 징역이나 사형을 하며, 찬적(일정한 지역을 지정하영 귀양 보냄)할 자는 도배를 보내는데 형벌은 모두 6등급으로 나누었다.

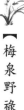

을미년(고종32년) 5

백관들의 연봉이 정해졌다. 칙임관 1등으로 총
리대신이 5천원, 각부대신이 3천원, 2등이 3천원, 3등 1급
이 2천 5백원, 2급이 2천 2백원, 4등 1급이 2천원, 2급이 1
천 8백원, 주임관 1등이 1천 6백원, 2등이 1천 4백원, 3등
이 1천 2백원, 4등이 1천원, 5등이 8백원, 6등이 6백원, 판
임관 1등이 5백원, 2등이 4백 2십원, 3등이 3백 6십원, 4
등이 3백원, 5등이 2백 4십원, 6등이 1백 8십원, 7등이 1백
5십원 8등이 1백 2십원이다.

을미년(고종32년) 6

　　감사. 유수. 안무사. 통제사. 병사. 수사. 방어
사. 감리. 부윤. 목사. 부사. 군수. 서윤. 판관 . 현령. 현감.
경력. 감목관. 첨사. 영장. 중군. 우후. 만호. 권관. 별장 등
의 관식을 혁파하고 지방제도를 개정했다. 전국을 나누어
23부 331군을 만들고, 부에는 관찰사를 두고 군에는 수를
두었다.

　한성부가 11군 인천부가 12군, 충주부가 20군, 홍주부가
22군, 공주부가 27군, 전주부가 20군, 남원부가 15군, 나
주부가 16군, 제주부가 3군, 진주부가 21군, 동래부가 10
군, 대구부가 23군, 안동부가 16군, 강릉부가 9군, 춘천부
가 13군, 개성부가 13군, 해주부가 16군, 평양부가 27군,
의주부가 13군, 강계부가 6군, 함흥부가 11군, 갑산부가 2
군, 경성부가 10군이다.

을미년(고종32년) 7

　　모든 부에는 관찰사 1명, 참서관 1명, 경부관 1
명, 주사와 총순 등의 직을 둔다. 이때 불량배들이 모여들
어 모두 시의와 영합해서 높은 벼슬에 발탁되니 사람들은
침을 뱉으며 욕을 했다. 그들이 도내로 들어오는 것을 지목
해서 그들을 말하길 동학교도와 다를 것이 없다고 하였다.
　그러나 문벌은 벌써 파괴되었다고 천한 계층들이 잠깐 동
안에 공경을 취하며, 시골사람들까지 이를 사모해 명분이
날로 파괴되고 사족들은 감히 소리 한마디 지르지 못했으
며 비로소 귀와 천이 뒤바뀌었다.

을미년(고종32년) 8

군제를 개정했다. 대장. 부장. 참장. 접령. 부
령. 참령. 정위. 부위. 참위 등의 무직을 두며 먼저 명하여
육군을 편제하니 이름을 훈련대라고 하였다.

을미년(고종32년) 9

　각 도에 명령을 내려 동학의 잔당들을 잡으라고
했다. 수령들은 그들을 꾀어 귀화하라고 하였지만 모두 그
들을 보호해주었다. 그러나 호감의 장흥과 강진의 이교(관
청에 속한 아전 장교)들의 많은 사람들이 동학난에 죽었기
때문에 그 집안들이 직접 나서서 그들을 붙잡아 수백 명을
죽였다.

을미년(고종32년) 10

8월20일 무자에 일본공사 삼포오루가 대궐에 침입하여 왕후 민비를 살해하고 궁내부대신 이경직과 대대장 홍계훈도 적에 대항하다 죽었다.

민비는 오랫동안 정사에 관여하지 못하다가 일본공사 정상형에게 뇌물을 바치고 과거처럼 정치에 관여하려고 했다. 그러자 박영효가 그것을 막기 위해 5월에 음모를 꾸몄던 것이다. 삼포오루는 박영효가 민비를 해치려는 생각을 하고 있다는 말을 익히 듣고 있었다.

이때 민비의 권세는 점차적으로 회복되면서 매일 밤 궁중에서 연극을 보고 가곡을 들었다. 일본인 여자 소촌실은 간사한 꾀를 부렸는데 이에 민비는 그녀를 몹시 사랑했고 항상 불러들였다.

삼포공사는 일본인들을 하인배들과 함께 연극을 보게 하면서 비밀리에 연극을 보러온 민비의 초상을 수십 장을 그리게 하였다. 그는 민비의 초상을 감춰 두었다가 거사날짜에 민비를 살해하기로 마음먹었다.

그렇지만 그는 국모를 살해했다는 죄를 받을까 두려워 대원군과 함께 통모했다. 거사날 밤에 공덕리로 가서 대원군을 데리고 대궐에 도착했다. 이때 많은 일본인들이 따라 들어왔는데 각자 민비의 초상을 가지고 있었다.

일본 여자 소촌실이 그들을 인도하여 곤령전에 도착했는

【梅泉野綠】

데 궁중엔 횃불이 밝아 땅강아지와 개미새끼들까지 볼 수 있을 정도였다. 이경직을 만나 민비의 소재를 물으니 그는 모르겠다고 대답하며 팔을 들어 일본인들을 막다가 좌우 팔이 모두 잘려나가 죽었다.

이때 민비는 벽에 걸린 옷 속에 피신했지만 일본인들이 끌어냈으며 소촌실이 살펴보자 민비는 살려달라고 애걸했다. 하지만 일본인들은 민비를 칼로 내리치고 시신을 검은색 긴치마에 싸서 녹산 밑 숲 속에서 석유를 뿌리고 불을 질렀으며, 타다가 남은 몇 조각의 뼈는 바로 불을 지른 그곳에 묻었다.

민비는 기지가 있고 영리하며 권모술수가 풍부했으며 정사에 간여한지 20년 만에 나라를 망치게 하였는데 이로 인해 천고에 없었던 변을 당하고 말았다. 일본인들이 처음 입궁할 때 홍계훈이 큰소리로 "칙령이 있어서 군인을 부른 것인가?"라며 묻는 순간 총탄을 맞아 쓰러진 수일 후에 죽었다. 홍계훈은 졸병에서 시작해서 높은 지위에 올랐지만 성격이 청렴결백하고 사대부를 대해서도 실례하는 일이 없었는데, 당시 그렇게 출세하여 버릇없이 행동하는 자와는 사뭇 달랐다.

정병하는 19일 밤 대궐에서 숙직을 하고 있었다. 민비가 자신을 살해하겠다는 소문을 밖에서 듣고 미리 피하겠다는 생각으로 정병하에게 들렀다. 그러자 정병하는 "일본군이 대궐에 들이닥친다고 하더라도 성심껏 성궁(민비)을 보호하겠습니다. 신에겐 방비책이 있으니 조금도 의심하고 근심할 것이 없습니다."고 말했다.

민비는 정병하를 자기의 사인으로 삼아 깊이 신뢰하였다가 화를 당했던 것이다. 변란이 일어나기 전 어느 날 남원사람이 김승집 집에 묵었다. 한밤중에 어떤 사람이 천천히 걸어와 김승집에게 귓속말을 하고 갔다. 그러자 김승집은 갑자기 안절부절 했고 남원사람은 그의 행동을 이상하게 생각했지만 묻지를 못했는데 그 다음날 변고가 일어났다.

일본공사 삼포오루는 외부에 공문을 보내어 말하기를 "일전의 병변은 밖에 전해졌다. 이달 8일(음력 20일) 새벽 훈련대가 대궐 안에 돌진해서 소원(원통한 일을 관청에 호소함)했는데, 편복을 한 일본인 약간 명이 섞여 들어가 난폭한 일을 저지르는 것을 보았다고 했다. 따라서 본 공사는 비록 이 말이 잘못 전해진 것을 알고는 있지만 사건의 관련성이 긴박하고 중요한 것인 만큼 그대로 내버려 둘 수는 없다. 번거롭지만 귀 대신은 확실히 가부를 조사해서 정확하게 회답해 주시오!"라고 하였다.

이에 김윤식은 회답공문을 보냈는데 "우리군대를 조사해 보니 당일 대궐에 나아가 소원할 때 만약 시위대와 만났을 때 서로 자세히 살필 수가 없어 충돌할 염려가 있어, 외국 복장으로 가장시켜 서로 격투를 벌이는 일이 없도록 했는데 그들은 일본인 아니었음을 회답합니다."라고 했다. 이때 훈련대를 감원해서 군심이 좋지 못했던 까닭에 삼포공사가 일부러 그렇게 꾸며 자신이 벗어나려고 하였다.

따라서 훈련대와 산 왜들을 난당들이 혼성하였다고 선언한 것은 얼마 지나지 않으면 알지 못할 것 같아서 저지른 소행이며, 김윤식이 아울러 섞어놓은 자가 일본인이 아니라 훈련대가 일본인으로 가장한 것에 불과한 것이다. 이렇게 회답을 보낸 것은 일본인을 두려워해서 자신을 보호하기 위해서였다.

을미년(고종32년) 11

탁지부대신 심상훈이 관직을 버리고 고향으로 내려갔는데 그의 후임으로 어윤종이 임명되었다. 왕후를 폐한다는 조칙이 내리자 김홍집. 이재면. 김윤식. 박정양. 조희연. 서광범. 정병하. 심상훈 등은 정부장관직을 맡고 있어 칙지를 받들어 서명날인을 했는데, 이들 중 심상훈만은 날인하지 않고 통곡하면서 "나라의 원수를 내버려두고 출사하는 것은 옳지 않다."라며 관직을 사퇴하고 고향인 충주로 내려갔다. 박정양은 이날 궁중에 없어서 서명하지 않았다.

외부대신 김윤식은 각국 공사관에 공문을 보내어 조문(임금의 명령을 쓴 문서)을 갖춰 기록하고 이어서 "우리 대군주께서 민비를 평민으로 만든 것은 종묘사직과 백성들을 구하기 위하여 결단한 것인 만큼 대의에서 나온 것이다." 라고 말했다. 그러자 미국공사 안연은 회답을 통해 "이 조문은 귀대군주께서 친히 내린 것으로 인정할 수 없다"고 하였으며, 러시아 공사 위패도 "이 조문은 귀대군주께서 친히 내린 것이 아니기 때문에 귀 대신에게 그렇다는 것을 통지하지 않을 수 없다."고 하였다.

을미년(고종32년) 12

고종은 과거에 상궁으로 있던 엄씨를 불러 대궐로 맞아들였다. 민비가 살아있을 때 고종은 그녀가 두려워 감히 엄씨를 곁눈질하지도 못했다. 10년 전 엄씨를 총애했는데 민비가 이를 알고는 크게 노해서 그녀를 죽이려고 하자 고종의 만류로 죽음을 면했지만 출궁 당했다.

고종의 부름을 받고 입궐했는데 민비가 죽은 지 5일 밖에 되지 않았다. 따라서 장안 사람들은 왕에게 깊은 마음이 없다며 모두 한스럽게 생각했다. 입궁한 엄씨는 왕의 총애를 독차지하고 더구나 정사에 간여하여 뇌물을 받았으니 침침(일의 진행이 빠른 모양)함이 민비 때와 동일했다.

을미년(고종32년) 13

　　10월에 일본정부는 공사 삼포오루를 소환해서 일본인 재판결정서에 따라 삼포공사 등을 범죄자로 몰았지만 별 다른 증거가 없다며 모두 방면했다. 또한 각 보고문에 대원군이 대궐에 들어가 난을 주동했다고 크게 떠들고 있었기 때문에 삼포공사는 왕명을 받고 구출하기 위해 들어갔으며, 민비시해사건에 참여하지 않았다고 했다. 이것은 모두 자기의 주변을 엄호하려는 계략에서 그랬던 것이다.

을미년(고종32년) 14

　10일 민비는 위호(작위와 명호)를 복위하고 법부에 명해서 흉범들을 체포토록 하였는데 군부대신 조희연과 경무사 권영진을 죄가 있다고 하여 면직시켰다.

　8월 이후 주한외국공사들은 역도들을 조사하여 정형(죄인을 사형에 처하는 형벌)에 처하라고 주장하자 김홍집 등은 왕후가 도망했다는 것을 빙자하여 날짜를 자꾸 끌었다.

　하지만 그의 정절(궂은일을 당한 가엾은 정상)이 차츰차츰 드러나면서 숨길 수가 없었다. 이에 따라 김홍집은 모든 외국 사신들과 함께 임금 앞에서 결재를 얻어 민비의 복위와 역당들을 잡아서 멸하라는 칙지를 반포하고 조희연 등을 면직시켰다. 이때 이두황과 우범선 등은 모두 도망을 했다.

을미년(고종32년) 15

　　김해사람 문석봉이 충청도 보은 등지에서 수많
은 사람을 모아놓고 의병을 일으켜 적당들을 토벌하자고
소리쳤다. 그러자 이곳과 인접한 읍의 유생들이 두건과 도
포를 입고 나아갔지만 얼마 후 공주부에 모두 체포되었다.

을미년(고종32년) 16

8월 민비 시해사건을 조사했는데 관련자인 이주희. 윤석우. 박선을 체포해 처형시켰다. 8월 변란에 이주희는 군무협판이었고, 이석우는 훈련대참위였는데 공모한 흔적이 있었다.

그렇지만 박선은 부산사람으로 약관에 일본말을 잘하여 일본인에게 고용되었을 뿐이다. 김홍집은 역당을 다스리는 것에 엄하지 못했는데, 이것은 말썽이 생길 것을 두려워하여 높은 직위에 있는 관료들은 감히 가려내지 못했다. 따라서 위의 세 사람만을 하옥시켜 사리가 불확실한 채 책망을 면하는데 그쳤다.

을미년(고종32년) 17

    2월25일 신해에 고종은 삭발하고 중외 신민에게 명하여 모두 삭발하도록 하였다. 두루마기를 입으라는 법을 반포하고부터 삭발한다는 말이 점점 퍼졌다. 10월중 일본공사가 왕을 위협하여 조속히 삭발하도록 하였다.

  그러자 왕은 인산(태산 왕과 그 비의 장례)을 치른 뒤 기한을 정했다. 약속한 날짜가 되자 유길준과 조희연 등이 일본군을 이끌고 궁성을 포위하여 대포를 묻은 다음 머리를 깎지 않는 자는 죽이겠다고 협박했다. 이에 고종은 긴 한숨을 들이쉬며 정병하에게 "경이 짐의 머리를 깎는 게 좋겠소."라고 말하자 그는 가위로 왕의 머리를 깎았고 유길준은 왕태자의 머리를 깎았다.

  머리를 깎으라는 왕의 명령이 내려지면서 곡성이 하늘을 진동하고 사람들은 분하고 노해서 목숨을 끊으려 하였다. 형세가 이처럼 격변해지자 일본인들은 군대를 대기시켰다.

  더구나 경무사 허진은 순검들을 인솔하고 칼을 빼들고 길을 막고 만나는 사람마다 머리를 깎았다. 또 인가에 들어가 찾아 헤매니 깊숙이 숨어있지 않고서는 머리를 깎지 않고서는 도저히 다른 법도가 없었다. 지방 사람이 서울에 손님으로 왔다가 상투가 잘리고 잘린 상투를 주머니 속에 감추고는 통곡하며 성을 나왔다.

  사람들은 상투만 잘렸기 때문에 머리털이 남아 장발승 같

【梅泉野綠】

· 155

앉으며 부인네와 어린아이들은 깎이지 않았다. 학부대신 이도재는 상소하여 개원(연호를 고침)과 단발에 반박하고 벼슬을 버리고 낙향했다.

그의 상소문을 요약하면 "…일간에 내각에 제출된 두 안건에 대하여 신에게 연서(서명)하라 요구했는데 개원과 삭발의 건입니다. 신이 생각하기로는 주상을 높이는 것은 그 이름을 높이는 것이 아니옵고 그 실을 섬기는 것이오며, 백성을 교화한다는 것은 그 외모에 있는 것이 아니고 마음에 있는 것이옵니다. 지금 내란이 자주 일어나 나라가 위태로워서 상하가 한마음으로 급히 실에 힘써도 오히려 구하지 못할까 두렵습니다. 개원 등의 일은 허명으로 단장한 것뿐이옵니다. 이것은 수년 후에 나라가 부하고 군대가 강하여 동양을 호시탐탐하는 날에 한 가지 예를 살펴 글로써 응답하는 것이 마땅하거늘 어찌 오늘이어야만 합니까. 또 한 단발의 의론이나 의견이 없는 것은 아니지만 신의 미련한 생각으로는 단군. 기자로부터 내려오면서 편발(관례를 하기 전에 머리를 땋아 늘이는 것)의 풍속이 변화하여 상투로 되었습니다. 모발을 사랑하고 아끼는 것이 큰 물건 같아 보이오니 하루아침에 머리를 깎는다면 4천년 교고(아교로 붙인 것처럼 굳음)의 풍속이 화합하기 어려우며, 만백성이 흉흉하여 두려워하는 정황을 측량할 수 없으니 어찌 난이 일어

나 과격한 것인지 않은지를 알 수가 있겠습니까. 과거 청국
인이 연나라에 들어가 무력으로 관과 면류를 훼손한 것이
울분으로 쌓여 삼백 년이 되어도 풀어지지 않았습니다. 그
래서 발비들이 한번 부르게 되면 사방에서 모여들어 용병
수십 년에 겨우 감정(이겨서 평정함)하였다고 하니 이것은
은감(거울삼아 경계하여야 할 전례)이 되는 것이오며, 진실
로 나라에 이익이 되는 것이옵니다. 신이 어찌 감히 스스로
좋아서 한 움큼의 짧은 머리를 아껴서 국계(국가의 정책)를
위하지 않겠습니까. 하지만 단지 여러 차례 생각하여 헤아
려 보아도 그 이로움을 발견하지 못하고 그것이 해가 된다
는 견해가 뚜렷해졌습니다. 그러므로 감히 속아서 따를 수
없습니다."고 하였다. 김병시 또한 상소해서 극간했는데
알지 못하는 사람들은 유길준 등이 만든 것이라 하였다.

을미년(고종32년) 18

강원도 의병 서상열 등이 봉기했고, 유인석은 경기도에서, 주용규는 호서에서, 권세연은 안동에서, 노응규. 정한용은 진주에서 봉기했는데 유길준은 서울 병력을 보내서 치게 했다.

인석은 고지평 유중교의 종질로서 이항로의 문인인데 유학으로 이름을 널리 알려진 사람으로 마음에 북받쳐 분개하고 한탄했는데 기백과 정의감이 투철했다. 낙동강 좌우수십 군이 봉기하여 권세연을 수령으로 하여 머리를 깎은 자는 가끔 살해를 당했다.

대구 관찰사 이중하는 경내를 어루만져 달래어 평소 인심을 얻었으며 그는 강제로 삭발시키지 않았기 때문에 백성들은 그를 용서했고, 이중하는 성문을 굳게 닫고 성을 지키면서 경군의 원조를 기다렸다.

을미년(고종32년) 19

12월 백정들의 면천을 허락하고 칠립을 쓸 수
있게 했다. 옛 풍속에 경상도. 전라도. 충청도의 백정들은
감히 칠립을 쓸 수 없었으며 오직 패랭이만 썼다.

이에 여러 차례 지시하여 칠립 쓰는 것을 허락하여 평민
과 같게 만들었는데 이것은 천류의 마음을 얻고자 한 것이
었다. 그러나 백정들은 의심하고 두려워하여 감히 쓰지 못
했는데 후일에 쓰겠다며 마침내 쓰지 않았다.

을미년(고종32년) 20

    27일 고종이 출어했다. 이범진. 이윤용 등이 고종을 러시아 공사관으로 모시고 김홍집과 전병하를 수포하여 죽였지만 유길준. 장박. 조희연 등은 도망하였다.

  처음에 고종은 헌정에 묶이게 된 것을 싫어하여 이범진과 이윤용 등과 함께 러시아에 의탁하여 김홍집 등을 제거하려 음모하였다. 러시아 사람들도 우리나라에 웅거하려고 옆보다가 일본에게 선수를 빼앗긴 것이 항상 유감으로 생각하면서 기회를 노리고 있었다.

  8월 이후 이범진 등이 러시아 공관에 숨어 후한 뇌물을 주고 정국을 뒤엎는데 도와주면 마땅히 나라 전체가 일본을 섬기는 것과 같이 하겠다고 해 러시아공사는 흔쾌히 그것을 허락했다.

  러시아 군대는 인천으로부터 육지로 속속 입성했다. 이범진 등은 은 4만 냥을 엄상궁에게 주고 매일 밤 변란이 일어날 것이라고 알려 고종을 두렵게 하였다. 엄상궁은 울며 호소하여 변란의 기미가 오늘저녁에 있으니 피난을 해야 한다는 말에 고종은 놀라 부득불 이들을 뒤쫓았다.

  이범진 등이 교자 두개를 빌려 왕과 태자를 러시아 공관으로 모셨다. 고종은 경무관에게 명하여 김홍집 등을 참수했다. 당시 김홍집은 직방에 있었는데 사람들이 도망치라 권고했지만 김홍집은 탄식하면서 "죽자하고 어찌 박영효를 본받아 역적이 되겠는가?"라 말하며 정병하와 함께 체포되었다. 정병하 또한 죽는 것을 알고 분해 "우리 대신들은 어찌 마음대로 죽이는가. 재판을 거쳐서 죽기를 원한다."고 하자 김홍집이 돌아보며 "어찌 말이 많은가. 나는 진실로 마땅히 죽겠다."고 하였다.

두 사람은 처형당하고 시체를 저자에 진열했는데 장안 사람들은 김홍집이 삭발령을 주관했다고 원망하며 기왓장과 자갈을 투척했다. 또한 그의 몸을 찢어 살점을 베어서 씹는 자도 있었다.

조희연. 유길준. 장박. 권영진. 우범선. 이두황. 이범래. 이진호 등은 일본공사관에 숨었지만 군교들은 그들을 감히 체포하지 못했으며 수일간 온 장안이 몹시 시끄러웠다.

김홍집은 비록 일본과의 화의를 주장하다가 청의의 죄를 지었지만 국사에 마음을 전념했으며 재간과 모략이 뛰어났다. 부인은 남편이 난에 희생되었다는 소식을 듣고 스스로 목숨을 끊었고 갓난아이는 포대기 속에서 죽었는데 사람들은 더욱 불쌍히 여겼다.

김홍집은 병자수호조약 때 홍양현감으로 있었는데 굶주리는 백성들을 위해 여러 가지 계책을 내어 살렸다. 관으로 통하는 길옆에 옛날 사람의 충신비가 있었는데 항상 이곳을 지날 때면 반드시 말에서 내렸다. 비가 내리는 컴컴한

【梅泉野綠】 •

161

밤이라도 반드시 그냥 지나치지 않았다고 한다.

이범진 등이 아관파천을 하게 된 것은 충의로 행동한 것이 아니고 또한 러시아를 후하게 하는 것도 일본을 박하게 하는 것도 아니었으며 다만 권력다툼에서 행해졌던 것이다.

세칭 김윤식과 어윤중을 청당(청나라를 숭상하는 무리)으로 김홍집과 유길준을 왜당(일본을 숭상하는 무리)으로 이범진과 이윤용을 아당(러시아를 숭상하는 무리)이라 불렀는데 이들의 권력싸움으로 나라꼴은 더욱 말이 아니었다.

갑오와 을미년에 일본인이 나라를 잡더니 지금은 러시아인에게 빼앗기게 되었는데 이것이 계기가 되어 임인년(고종 39년)에 러시아와 일본이 전쟁을 벌여 일본이 승리했다.

 ## 을미년(고종32년) 21

단발령을 폐지하고 의복은 백성들이 편한 차림으로 입도록 했다.

제 3 권

매천야록

병신년(건양원년)

병신년(건양원년) 1

　1월, 전 참봉 기우만이 전라도 장성에서 의병을 일으켰는데 그는 고참판 기정진의 손자로 가업을 이어받아 문유로 추대를 받았지만 별다른 재주가 없었다. 당시 호남인들은 타 도에선 모두 의병이 일어났지만 전라도에서는 일어나지 않았기 때문에 기우만을 종용하여 기칫(깃발)을 세우게 하였다.

　그러나 그의 문족들이 방자하게 날뛰는 바람에 향리사람들은 괴로웠으며 모인 사람들은 모두 심의.대관을 쓰고 서열을 읍양(주.객의 상견례)하여 나갔다. 식량과 무기가 없고 기율이 잡히지 않았기 때문에 사람들은 그들이 실패하리라는 것을 알고 있었다. 그들은 나가가 광주에 주둔하였다.

　해남군수 정석진이 이겸제에게 살해당하자 기우만이 두려워하며 무리를 모두 해산시키고 도망갔다. 강제로 머리를 깎이던 초기에 나라전체가 분노하였고 이것이 의병의 봉기를 격동시켰다.

　그러나 날짜가 점점 지나가면서 이런 분노가 약해지면서 경군을 만나 패하게 되고 사망자 수가 헤아릴 수 없을 만큼 많았다. 더구나 충성심을 품고 정의로써 실천하는 사람은 소수에 불과했다.

　또한 담명자(세상에 이름을 알리려는 사람)가 인도하였고 화란을 즐겨하는 자가 붙었으며, 나쁜 사람들이 백여 명 또는 천여 명씩 무리를 지어 스스로 의병이라 칭했다.

심지어 동학의 여당들이 낯을 바꾸어 그림자처럼 따라다니는 자가 반이나 되었다. 여기다가 잔인하고 포악하고 음탕한 마음에 약탈까지 하고 있어 도적 떼나 다름없는 무리도 있었다.

남방에서 보고 들은 바 노응규 같은 이는 진주에 웅거하고 전 경내를 분탕하니 주민들은 동학교도들의 행패를 만났다고 말했다. 안동 수십 군엔 난폭한 겁탈이 있었으며 이 중으로 경군까지 유린했는데 공사가 도란에 빠졌다.

이미 김홍집 등이 사형을 받고 윤고(임금의 말씀)가 연달아 선포되어 난이 그칠 법도 했지만, 난을 주도했던 자가 수령들을 많이 척살해 후환이 있을 것을 두려워한 나머지 대중을 옹호하고 흩어지지 아니한 고로 여전히 소란스러웠다.

특히 기호(경기도. 황해도 남부. 충청남북도 북부)와 관령(강원도와 경상도)사이가 화를 입은 곳이 더욱 심했다. 의병을 일으킨 자는 삭발을 구실로 삼았는데 이것을 알리고 있는 박정양 등이 정국을 주재해 그들의 소행에 귀를 기울여 마침내 단발령을 폐지하여 백성들이 원하는 대로 따르게 하였다.

사실 단발령을 폐지한 것은 의병이 두려워서가 아니고 정국을 번복시키려고 한 것이다. 백성들은 그들의 머리털을 가리켜 "단발령은 일본의 의사가 아니라 유길준 등이 저지른 것이다."라고 말했다.

병신년(건양원년) 2

진주관찰사 조병필, 남원관찰사 백난륜, 나주관찰사 조한근 등은 도망쳤다. 강제로 머리를 깎이다가 의병에게 피살당한 사람은 춘천관찰사 조인승, 안동관찰사 김석중, 충주관찰사 김규식 등이며, 관찰사이하의 관료로는 의성군수 이관영, 영덕군수 정재관, 예천군수 유인형, 안동경무관 임병원, 우체주사 김재담, 청풍군수 서상기, 단양군수 권숙, 천안군수 김병숙, 나주참서관 안종수, 총순 박희호, 양양군수 양명학, 고성군수 홍종헌, 강릉경무관 고준식, 삼수군수 유완수, 함흥참서관 목유신, 주사 피상국, 홍병찬, 해주경무관 이경선, 총순 황목, 세무시찰 인석보, 지평군수 맹영재, 광주부윤 박기인, 충주부주사 홍유정 등이다. 전후 관보에 나온 사람은 이것으로 멈췄는데 사망 월일은 정확하지 않다. 그렇지만 그들이 죽은 시기는 겨울과 봄 사이였다. 더구나 관보에서 누락된 자도 있다고 한다.

조인승은 소론의 이름 있는 집안 출생이며 서법이 몹시 뛰어났다. 그는 머리를 깎고 부임했기 때문에 가장 먼저 피살당했다.

김석중은 울 삼포 사람으로 말솜씨가 뛰어났지만 불량한 짓을 했으며, 갑오년에는 동학교도에 투신했다가 난이 평정되자 서울로 은닉하여 박영효에게 붙어 안동부사로 임명되었다가 관찰사로 발탁되었다.

관찰사로 재직할 때 그는 선비와 백성들을 학대하고 욕되게 하였으며 제일 먼저 머리를 깎았다. 혼자 말을 타고 도주하다가 문경에서 농부들에게 피살되었다.

안종수는 문예에 뛰어나 서광범과 박영효의 사랑을 가장 많이 받았다. 나주에 도임해서 부자들을 방략(죄인을 매질하여 고문함)하여 연도의 오른쪽에 소동이 벌어졌다. 죽은 후에 그가 장물로 축적한 것이 폭로되었는데 돈 꾸러미가 8만여 냥이나 되었다.

병신년(건양원년) 3

　　2월에 홍주의병장 김복한. 이설. 홍건 등을 석
방했다. 이들은 오랫동안 갇혀있었는데 판결문은 이미 작
성되어 왕에게 올려졌다. 고종은 특지를 내려 "김복한 등
제인은 관리를 협제하고 민중을 선동해서 부군의 계속적인
소란을 일게 하였으니 어찌 죄가 없다고 하겠는가. 하지만
그 뜻의 본바탕은 복수하여 역적을 토멸하자는 것이었고,
또한 사건은 지난해 12월 28일자 조칙 이전에 발생했기 때
문에 이것은 근일처럼 의를 빙자해서 난을 음모한 것과는
달라 일체 논단(의논하여 단을 내림)하고 특별히 석방하여
관유(너그럽게 용서함)의 뜻을 표시한다."고 말했다.

병신년(건양원년) 4

이겸제는 나주에 들어가 해남군수 정석진을 살해했고 기우만은 도망했으며 담양군수 민종렬은 체포되었다. 정석진은 나주 아전으로 동학난 때 민종렬을 도운 공으로 해남군수가 되었다.

그가 부임하면서 많은 아전들이 다른 곳으로 보내졌으며 안종수를 죽였다. 이것을 사람들은 정석진의 뜻이라고 하였다. 안종수의 아우 안정수는 겸제를 따라 형의 원수를 갚으려고 모의했다.

어떤 사람이 정석진에게 바다로 피하라고하자 그는 웃으면서 "죽는 것은 천명이다. 어찌 피하겠는가?"라며 편히 앉아서 결박당하였다. 이겸제가 후한 뇌물을 바치면 살려주겠다고 했지만 그는 "뇌물을 줘도 죽을 것인데 한갓 노비 무리들에게 팔리는 바가 되겠는가?"라며 죽었다.

정석진은 완력이 다른 사람보다 뛰어나고 계책과 모략이 풍부해 익히 대의를 알았기 때문에 호남인들은 그의 죽음을 슬퍼했다. 기우만은 정석진이 죽는 것을 보고 광주에서 무리들을 해산하고 도망쳤다. 당시 신기선이 호남에 있으면서 기우만을 비호하는데 많은 힘을 기울였기 때문에 궁색하되 체포되지 않았다.

민종렬과 기우만이 통했다는 것이 알려지면서 이겸제는 그를 죽이려고 하였다. 그렇지만 아우 민종묵이 높은 벼슬자리에 앉아 있었고 사람들 또한 주모자가 아니라고 해서 중앙에 알렸는데 석방하라는 명이 내려왔다.

고종은 개화 이래 여러 차례 변고를 겪었기 때문에 시배라면 이를 갈았고 태아(보검의 이름)가 한번 옮겨지면 어찌 할 수 없었다. 의병이 사방에서 일어나자 대신들은 모두 토벌하여 회복하는 것을 사양했고 왕은 몹시 기뻐하며 다행으로 생각했다.

따라서 출정 장사에게 교지를 주어 수령을 잡으면 함부로 죽이지 말도록 했다. 이것으로 말미암아 경옥에 이르는 자는 그 수가 줄었다. 사람들은 기우만이 만약 자수를 했더라면 틀림없이 주지는 않았을 것이고 해남군수 정석진이 죽은 것은 다만 안종수의 사사로운 원수 때문이라고 하였다.

 병신년(건양원년) 5

  동남출정 장졸들을 이끌고 돌아왔다. 당시 여러 도의 의병들은 모두 해산되었는데 유인석은 양서(황해도와 평안도)로 전입하여 압록강을 건너 청국으로 들어갔다.

 지나가는 곳마다 노자와 야식을 토색하여 자못 옳지 못하는 비방까지 있었다. 관서지바아의 유사의 연원은 모두 이 항로부터 시작되었으며 또한 유인석의 충이에 감화되어 추종하는 자가 수천 명에 이르렀는데 요동산중으로 들어가 큰 촌락을 이뤘다.

 유인석은 공자의 사당을 세우고 조두(제기의 이름)를 익히면서 농사일을 권장했다. 변방풍속이 동화되고 청국인 또한 돈 꾸러미를 지고 찾아왔는데 우리나라의 명성을 떨쳤다.

【梅泉野綠】

병신년(건양원년) 6

　비서원 승 김홍륙을 학부협관에 임명했다. 김홍
륙은 함경도 단천 민가의 소생으로 러시아말을 익혀 통역
이 되었다. 고종의 총애함이 컸는데 당시 고종은 러시아 공
사에 의뢰하여 말하면 따르지 않는 것이 없었다.

　그런데 러시아 말을 통역하기가 어려워 통역자는 김홍륙
단 한사람뿐이었다. 이에 김홍륙은 방자한 마음을 갖고 기
만과 농락을 저질렀다.

　갑자기 러시아 공사가 모인 벼슬을 시키려고 한다고 하면
고종은 바로 승낙했다. 따라서 경이나 제상으로 갑자기 등
장하는 인물들이 많은 것도 바로 김홍륙의 방자함 때문이
었다.

제 **3** 권

매천
야록

정유년(건양 2년)

정유년(건양2년) 1

　　9월17일 계묘, 고종은 황제로 오르고 국호를 대
한제국이라고 개칭했다. 을미년 이후 정부는 고종의 뜻을
헤아려 황제로 칭할 것을 권했지만 러시아. 프랑스. 미국
등의 외국공사들은 옳지 않다고 했으며 일본공사 삼포오루
역시 "시일을 늦추는 것이 좋겠다."고 말했다.

　그 뒤 삼포공사가 을미사변의 죄를 지고 물러가자, 정의
가 다시 일어나 차츰 의절을 강구했지만 각국들이 저지했
다. 러시아 공사는 "귀국이 참호(자기의 신분을 넘어서 제
왕의 신분을 가짐)를 가지려고 한다면 우리 러시아는 절교
하겠다."고 말했는데 이것을 고종은 두려워했다.

　그러나 이 일은 마무리 단계에 있어 달리 어떻게 해 볼 수
가 없었다. 더구나 신료들에게 교지를 주어 진청을 계속하
게 하였는데 겉으로 비기엔 왕이 뜻을 굽혀 백성을 쫓는 것
같았다.

　이 때 기신 김재현 등의 연명소가 있었고, 이어 의정 심순
택과 특진관 조병세 백관을 거느리고 대궐 뜰에서 청했는
데 "엎드려서 숙고하옵건대 덕이 천지에 떨치는 사람을 황
제라고 부르는데 이것은 삼황오제의 공덕이 황과 천이 합
치된다는 뜻입니다. 그렇기 때문에 높여서 칭하는 곳이고,
덕의 높음이 위가 없는 것이고, 위호도 함께 높은 것이고,
공덕의 크기가 몹시 고상한 것이고, 예경이 크게 되어 지대

한 예로써 위가 없고 최고로 높은 호칭을 천명하는 것이옵니다. 이것은 성제명왕과 같은 것이기 때문에 천리 인사의 처소를 어길 수 없는 것입니다. 소이신 등이 앞자리에서 정성을 쌓아 경진(없어짐)하였지만, 주상께서 허락하지 않고 계속 미루시어 진실로 답답하나이다. 아아! 우리나라는 개국한지 5백년 만에 성신(임금)이 서로 이어졌으며, 중희누합(역대 임금이 모두 훌륭해 태평세월이 계속됨)하여 악전장(예절과 음악)과 의관제도가 중국 한나라와 당나라와 송나라와 견줘 첨삭이 있으며, 명나라에 견줘볼 때 문물이 성하고 예의의 순후함이 통합니다. 이것은 우리나라만 그러했는데 우리 성상은 총명하시고 용맹하며 지혜가 많아 최고의 왕 중 왕이십니다. 천작 양의(천지)에 합치되며 현덕(공덕을 베풀었지만 그 공덕을 잊어버림)이 신명에 통하시어 삼황의 도를 술 하시고, 오제의 마음을 전하시어 제위 30년에 공화는 선정의 모범이 되시고 치법은 청사에 빛나는 바입니다. 지난날에 환란을 만났지만 많은 어려움을 무릅쓰고 나라를 튼튼히 하셨고 깊은 근심으로써 성명을 개발하셨으며, 힘닿는 데까지 분발하고 백방으로 잘 생각하시어 종사가 뇌안(의뢰하며 편안함)하게 되었으며, 철류(깃술)를 높이시고 반태를 조치해 방우(경계선)를 평평히 하셨으며, 기침(요악스러운 기운)을 없애고 인온(천기와 자기가

서로 합하여 어림)을 응결하셔서 홍업을 회복하셨으며, 치
화가 흥융하여 독립의 기반을 세우고자 자주권을 행하시게
되었사오니 이것은 하늘이 권유하여 환영하여 계속하라는
명을 내리신 것이옵니다. 만국공법에 이르기를 나라마다
자주라는 것은 의사에 따라 스스로 존호를 붙이는 것입니
다. 따라서 백성이 추대하는 것이지 다른 나라가 그것을 인
정할 권한은 없사옵니다. 하문에 모국이 칭왕과 칭황을 사
용할 때 모국이 먼저 인정하고 다른 나라가 후에 인정한다
는 말은 즉 자국의 의사랍니다. 그렇기 때문에 그것을 자주
라고하며, 그것을 인정하는 것이 다른 사람에게 있으면 무
권이라고 합니다. 그런즉 다른 사람에게 권한이 없기 때문
에 우리나라의 자주권을 폐한다는 것은 일찍이 듣지를 못
했습니다. 그렇기 때문에 왕이라 칭하든가 황제라 칭하는
것에 대해서 타국의 승인을 기다리는 것이 아닙니다. 그것
은 스스로 존호를 세우는 것이기 때문에 모국이 먼저 그것
을 인정하고 타국이 나중에 인정하는 것은 소위 먼저 인정
하는 것은 호를 세우는데 우선하는 데 있지 않고 타국이 앞
서는데 우선하는 것이면 어찌 스스로 존호를 세우지 않고
서 먼저 타국의 인정을 받겠습니까. 소신 등이 앞자리에서
정성을 쌓아 경진(없어짐)하였지만, 주상께서 허락하지 않
고 계속 미루시어 진실로 답답하나이다. 소이신 등이 앞자

리에서 정성을 쌓아 경진(없어짐)하였지만, 주상께서 허락하지 않고 계속 미루시어 진실로 답답하나이다.

이제 폐하는 높고 넓은 덕이 하늘과 같이 크게 통달한 도가 하늘과 함께 밝았습니다. 복희. 신농. 요. 순의. 성(聖)을 한. 당. 송. 명이 계통을 이어받았습니다. 금일 대황제 위호를 높이는 것은 옛것에 준하고 지금의 것에 합치하여 그때를 상고하는 것이 옳은 일이니 '예기'에 의거해도 당연한 것입니다. 하늘에 응하고 사람을 순조하는 의를 돌이켜보면 유신(정치체계가 새롭게 바뀌는 것)의 명인만큼 앙답하지 않는 것은 용납할 수 없는 일이오며, 거국적으로 일고있는 논의는 무조건 쫓으셔야 합니다. 조화의 자취를 거둬없이 할 것 같으며, 충읍의 충청을 임금이 스스로 버린다면 비록 흠앙(공경하여 우러러 사모함)함이 많다고 하더라도 옛날 제왕들이의 혜양(눈여겨 살펴봄)의 다스림과 겸손한 풍을 받지 않고 사양하며, 거하지 않는 글이 있어 본격적이 없사옵니다. 모두 모여들어 일제히 소리 높여 우러러 부르짖으며, 엎드려 유음(신하의 물음에 임금이 대답하는 것)을 내리시기를 원하오며, 분장을 얻어 천만옹축하오니 황공스럽게 감히 아뢰나이다." 라고 상주했다.

다음 날에도 다섯 차례 또 다음날에도 두 차례나 올렸다. 고종은 고지를 받들어 "짐은 부덕해서 왕위에 오른 지 34

년 만에 수많은 어려움과 만고에 없던 변까지 당했고, 또한 다스려 나감에 있어서 나의 뜻을 기다리지 않고 근심스러운 일이 눈을 넘쳐서 항상 스스로 생각함에 오직 부끄러운 땀이 등을 적시노라. 이제 막대한 자리를 칭하지 않으려는 처지를 진신들이 서신을 갖추어 청하며, 대신들이 경연에 올라 청하며, 육군만민까지 복합하여 청하고 상하로 서로 지지하니 급박함을 쉴 수 있는 기간이 없으며, 여러 사람의 정성을 끝까지 저버릴 수야 있겠느냐. 두고두고 생각한 끝에 이제 부득이 면종하노라. 이에 대사는 예의를 짐작해서 행하도록 하라!"고 말하였다.

이날 예부대신 김영수가 이것을 원구(동지 때 천자가 하늘에 제사를 지내던 곳)에 고제하여 단을 만들고 고종은 나아가서 높은 자리에 앉았다. 이어 태묘사직에 나아가 고사를 마치고 경전으로 돌아오자 백관들은 표문을 올려 칭하였다.

즉조당의 편액을 태극전이라 하였다가 조금 지나 중화전으로 고쳤다. 역의 명칭도 명시력으로 정했고 국기도 태극기로 정했으며, 즉위 일을 계천기원절로 삼았다. 경례에 소요되는 비용이 5만원, 어보금이 1천 냥으로 값이 4만5천원이다.

제 **3** 권

매천야록

무술년(광무 2년)

무술년(광무2년) 1

2월2일 병진, 대원군 이하응이 별세하니 향년 79세였다. 고종은 대유재에서 발상하고 신기선을 파견하여 전현을 대신 해하게 하였으며, 복제를 정하여 자최(사용의 옷인데, 삼베로 지으며 옷단을 접어 꿰맨 것)는 장기(상중에 든 사람이 지팡이를 짚고 자최를 입고 1년 동안 입는 복)로 하지 않고 호상의절은 부대부인과 합해서 예장청에서 행했다.

대원군 이하응

대원군은 병이 위독하게 되지 맏아들 재면을 불러 "나는 주상을 보았으면 죽어도 한이 없겠다. 어떻게 하면 좋겠는가?"

라고 하였다. 이렇게 서너 차례 외쳤지만 재면은 죄를 얻을까 두려워서 마침내 알리지 않았는데, 조금 있다가 또 "주상이 거동하지 않으셨느냐?"고 묻더니 길게 한숨을 짓고 절명하였는데 이 말을 들은 사람들은 몹시 슬퍼했다.

이하응은 10년을 집권하는 동안 공과 죄가 반반이었다.

갑술년(고종 11년)이후 며느리 명성황후와 원수관계가 되면서 원한이 나날로 깊어져 위급한 지경까지 이르렀던 것이 수차례 있었다.

또 두문불출 한 지 십 수 년간 국가에 변란이 생기기만하면 여러 사람에게 끌려서 연좌되어 여러 차례 일어났다가 쓰러졌는데 거의 실패하고 말았던 것이다.

죽을 때 까지 변함없이 은혜와 원수로 일념 해 왔다. 그런 이유로 사람들은 헐뜯었지만 나이가 많고 경력이 풍부해 외국까지 이름이 알려져 사람들은 그를 의지하고 세상에 존경받는 어진 노인으로 삼았다. 따라서 그가 죽자 방방곡곡에서 모두 애도하였다.

무술년(광무2년) 2

　　제주도에서 민란이 일어나자 목사 이병휘를 축
출했다. 육지에 살던 백성 방성칠이란 사람이 갑오년에 제
주도에 들어와 요사스러운 점괘를 풀어 백성들을 현혹시키
면서 섬을 거점으로 왕이 되려고 하였다.

　이때 이병휘는 탐욕스럽고 포악하였기 때문에 방성칠은
백성들을 부추겨서 그를 축출하는데 성공했다. 이어 제주
도에서 귀양살이하고 있는 전직 관원들을 풀어주면서 과거
의 벼슬을 그대로 주겠다고 말한 뒤 작은 정부를 만들었다.

　때마침 김윤식. 이승호. 서주보. 정병조 등이 귀양살이를
하고 있었다. 이들은 명월포로 도망하여 방문을 붙여 방성
칠의 반역행위를 알림과 동시에 백성들을 모집하여 역적을
토벌했다. 아전들도 들고 있으나 방성칠을 결박하여 죽였
다. 이 소식을 들은 조정은 6월에 김윤식 등을 내군에 있는
여러 섬으로 이배시켰다.

무술년(광무2년) 3

　　내부대신 남정철을 면직시켰다. 그는 오래도록
그 자리에 있으려고 했지만 김홍륙을 알지 못했다. 당시 백
관들을 출척하는데 반 이상은 김홍륙의 손에 달려있었다.

　남정철은 자기의 첩과 김홍륙의 첩이 자매관계를 맺도록
주선하여 의탁하기를 바랬다. 마침내 이들은 서로가 내왕
하게 되었고, 이런 연유로 남정철의 첩은 김홍륙과 내통하
게 되면서 김홍륙의 첩은 질투하게 되었다.

　남정철이 어느 날 연회를 베풀고 있었다. 손님들이 가득
앉아있는 가운데 갑자기 기생 하나가 당으로 뛰어 올라오
며 욕을 퍼붓기를 "남정철이 어디에 있느냐? 나는 김협관
(김홍륙)의 첩이다. 너는 지금의 벼슬자리를 오래도록 누리
려면 스스로 노력할 것이지, 어찌 첩을 놓아 간통하게 하여
나의 사적인 애정을 훼방하려고 하느냐? 그러고도 네가 대
신이냐?"라고 하자 손님들은 귀를 막고 일어났다. 남정철
은 다른 일로 해서 체직(벼슬을 갈아 냄)을 세 번 상소해 본
적을 면직하였다.

【梅泉野祿】

·

183

무술년(광무2년) 4

우리나라 최초의 황성신문이 간행되었다. 국한
문을 혼용 문장에 시정을 논박하고 인물을 꾸짖어 배척하
기도 했으며 내용으로 꺼리기는 것이 없었기 때문에 사방
에서 다투어 사보려고 하였다.

무술년(광무2년) 5

대원수부를 설치하고 관속을 두었다. 황제는 친히
육군과 해군을 통수하고 황태자가 원수가 되어 일체를 통솔했
다. 모든 군무와 관계되는 것은 원수부로 공문을 보내 내외에
행하도록 하였는데 유럽 여러 나라와 미국을 모델로 한 것이
다.

무술년(망무2년) 6

　　양지아문을 설치하여 박정양. 심상훈. 이도재를
총재로 삼고 이채연. 고영희를 부총재로 삼았다.

무술년(망무2년) 7

　　철도사를 이용익에게 감독을 맡기고 백탁안을 파
견하여 지형을 조사하게 하였다. 조사대상지역은 서울에서 목
표까지, 북쪽으로 원산에 가서 경흥에 이르기까지 경흥에서 의
주에 이르리까지였다.

무술년(광무2년) 8

동학교주 최시형을 복주했다. 갑오년에 최시형
은 이천. 원주. 산속에 몸을 숨겨오다가 같은 당 황만기. 박
윤대. 송일회가 밀고하는 바람에 체포되어 교수형에 처해
졌는데 향년 72세였다. 탑영(몽타주)이 전국에 퍼졌는데
그는 인상이 흉칙하고 괴상했다. 그를 고발한 세 사람은 징
역에 처해졌다.

전 현감 황기인의 상소에 "내외 신료들이 예전부터 최시
형과 내통한 자들이 많지만 봉서(큰 속임수)의 연결이 장각
(후한 영제 때 황건적의 난을 일으킨 주동자)과 이어진 것
과 다름없다. 청컨대 밑바탕을 조사하라!"고 하였다. 그러
나 법사에서는 황기인을 무고죄로 묶어서 태형으로 징벌했
다.

무술년(광무2년) 9

　　김홍륙을 흑산도로 귀양 보냈다. 조칙을 보면
"교섭할 때 말 한마디가 매우 주요하다. 그는 교활하여 죽
음을 생각지 않고 동쪽을 가리켜 서쪽이라고 말하며, 옳은
것을 굴려서 틀리게 만들어 양국 간에 오해를 불러 일으켰
으며, 공무를 자탁(일의 잘못을 다른 일로 핑계 댐)하여 사
적인 것을 영위함이 미치지 않는 곳이 없다. 죄상을 보아
귀양을 보내는 것이 옳다. 전 한성판윤 김홍륙을 법부에 명
령하여 법률에 의거 하여 유배하라."고 하였다.

무술년(광무2년) 10

서북민들이 해삼위(블라디보스톡)로 들어가 사는 사람이 무려 6만여호나 되었기 때문에 정부에 글을 올려 관청을 설치하고 보호해 줄 것을 청하였다.

동학 창시자 최재우

무술년(광무2년) 11

전 참판 이건창이 사망했다. 그는 청렴결백하여 악을 미워했으며 시국과 더불어 부앙(위를 올려다봤다 내려다봤다 함)하지 않았고 벼슬길을 탐탁하게 생각지 않아서 벼슬한지 40년에 비로소 가선에 올랐다. 갑오년 6월 통곡하며 고향으로 돌아간 후 다시는 서울에 올라오지 않았다.

그는 풍비(뇌척수의 탈로 몸과 팔다리가 마비되고 감각과 동장에 장애를 일으키는 질병)을 앓다가 강화 전사에서 47세의 나이로 죽었는데, 이 소식을 듣는 사람들은 서로 조상을 했다. 사람들은 이건창의 문장이 아름다워 홍석주와 함께 안행(선두에 서는 것)한다고 하였다.

무술년(광무2년) 12

가을, 7월에 이유인 고금도에, 이대준을 임자도
에 귀양 보냈다. 갑오년 후에 이대준이 해삼위에 들어가 러
시아 관원 마주녕에게 본국의 화변 때 일본에게 위협을 받
은 상황을 호소했다. 그러자 마주녕은 분함을 토로하면서
러시아정부를 알선해 군대를 파견하여 보호해 주겠다고 약
속하였다.

이후 첫봄에 마주녕이 공사로 부임해오자 이대준은 이유
인에게 말하여 고종께 알리고 밀칙을 지어 부아의 뜻을 뚜
렷이 밝히고, 이대준은 이유인을 수행하여 그곳으로 가서
인하사고 러시아공사와 같은 배를 타고 왔다. 일본인들은
이것에 대해 이러쿵저러쿵하여 고종은 두 사람의 죄를 주
기 위해 이러한 명령을 내린 것이다.

무술년(광무2년) 13

　　북촌에 있는 여학당 부인들이 여제자를 모집하
여 입학시키고 공문을 내어 돌려가며 남녀의 동권을 얻기
를 위한다고 하였다.

 ## 무술년(광무2년) 14

　　8월, 김홍륙을 복주했다. 김홍륙이 적절한 자리에
나아가면서 아편연한 봉을 어선주사 공홍식에게 주면서 음식
을 만들 때 이 독약을 넣어 고종께 바치라고 하였다.

　　공홍식은 김종화를 시켜서 실행하는 대가로 은 천원을 약속
하였다. 김종화는 서양요리를 만들어 상감에게 올리는 사람이
다. 만수절날 아편연을 소맷자락에 숨겨 주방에 들어갔는데
마침 커피를 끓여오라고 해 커피에다가 아편연을 투입했다.

　　고종은 한 모금 마시다가 곧바로 토했으며, 태자는 그것을
맛보다 쓰러졌다. 더구나 함께 커피를 마신 내시와 희빈들 역
시 구토와 트림을 하면서 복통을 일으키면서 대궐 안은 발칵
뒤집어졌다.

　　국청을 설치하여 신문하자 공홍식과 김종화는 자백했고, 김홍
륙은 아직 도착하지 않았다. 김홍륙을 잡아오기 전에는 공홍식
은 입을 꼭 다물고 스스로 반문하면서 이상한 기색이 없었다.

　　그렇지만 김홍륙이 잡혀오자 큰 소리로 승복하였는데 말이
많아 도리에서 벗어났다. 김홍륙, 공홍식, 김종하는 모두 교
수형에 처하고, 김홍륙의 처 김씨는 때마침 임신한 지 다섯
달이 되었기 때문에 가벼운 형으로 3년간 유배를 내렸다.

　　장안 사람들은 김홍륙의 시체가 밖으로 나오자 살점을 베었
다. 이로부터 민영소가 금중에 숙직하면서 음식을 보면 반드
시 맛을 보게 하여 이러한 일을 사전에 예방하게 했다.

【梅泉野錄】

192

무술년(광무2년) 15

9월, 중추원 관제를 개정하여 의장과 부의장 각한사람씩을 두고 의관 50명을 두었는데 절반은 협회에서 추천하도록 하였다. 고종은 사헌부와 사건원을 오래 폐지하여 언로가 막혀 있었는데, 비로소 중추원이 대간(사헌부와 사간원)의 직을 겸하게 하여 논열(조목을 하나하나 들어 말함)하는 바 있었다. 그러나 중추원의 이름만 있었을 뿐 모든 의관들이 비어있었고 돈 천원을 바치면 그 직을 얻을 수 있었는데 이때부터 매관의 길이 더욱 성행하게 되었다.

무술년(광무2년) 16

　　독립협회 두령 이상재. 박한덕. 유맹. 정항모. 현제창. 홍정우. 이건호. 변하진. 조한우. 염중모. 한치유. 남궁억. 정교. 김두현. 김귀현. 유학주. 윤하영 등이 법부에 수감되어 그들에게 형률에 의거 태 40을 판결했다. 염중모는 재신 정범조의 시중으로 갑오 후에 조반(조열)에 기록되었다. 일찍이 중추원에 도착해서 모든 재신들을 향하여 "제공들은 옛날 티가 뱃속에 가득해 어느 날에 개화할 수 있겠는가.

　반드시 개화하려고 한다면 이 염중모가 황실과 결혼을 하는 날을 기다리는 것이 옳다"고 하여 듣는 사람들이 원통해 했다. 당시 유품이 이미 혼동되어 명분의 한계가 없어졌으며 사대부가 예전의 하인배와 마주앉아 항례하며 오히려 맞부딪치는 꼴이 되어 가끔 생각지 않았던 욕을 당하는 일도 있었다.

무술년(광무2년) 17

　　11월에 홍종우. 길영수 등이 민회를 공격하여
흩어져 달아났다. 이석렬이란 자는 상소하여 박영효를 사
면하여 돌아오게 하라고 했으며, 이어 윤시병이 정부에 들
어앉을 만한 인물 10명은 천거하였는데 그중에 박영효도
있었다. 두 사람은 모두 협회사람이다.

　고종은 연달아 엄지를 내려 대궐문에 임하여 선유하였지
만 대중들은 순순히 복종하지 않았다. 그래서 홍종우 등이
고종의 칙지를 받아 관기상민 수천 명을 데리고 정릉으로
부터 신문에 이르게 앞뒤에서 협공했는데, 마치 백방이 비
가 쏟아지는 것 같았고 죽은 사람이 10여 명이나 발생했다.

　나머지 무리들은 사방으로 흩어졌으며 시민들은 가게 문
을 닫고 군부에서는 군사를 동원하여 정동을 지키게 하면
서 노표를 검사했는데 장안이 발칵 뒤집혀졌다. 고영근은
일본공사관에 숨어있었고 다음 날 백성들은 또다시 집회를
열어 홍종우. 길영수. 조병식. 이기동. 민종묵. 민영기 등의
집을 부쉈다. 그러나 이로부터 민화는 세력이 약해졌다.

무술년(광무2년) 18

　11월에 시원임칙임관 외에는 진소논사를 허락하지 말라고 명했다. 당시 독립협회장 고영근이 자주 상소하여 시정을 논척하였는데 고영근의 관품은 주임관에 그쳤다. 그러므로 참정 서정순으로 하여금 이 의론을 제출케 하고 주임관 이하 사와 서인으로 하여금 반드시 논열하려는 것이 있으면 일단 중추언의 헌의를 얻어야 한다고 하였다.

 무술년(광무2년) 19

　　12월에 청국공사 서수붕이 내한했다. 서수붕이 국서를 바쳤는데 국서의 내용은 "대 청국 대 황제는 대한국 대황제를 공경하여 문안드립니다. 우리 두 나라는 함께 아시아 대륙에 위치하여 수륙하고 긴밀히 이어져 있으며, 수백 년을 내려오면서 휴척(기쁜 일과 슬픈 일)이 서로 관련되어 피아(저와 나)의 구분함이 없이 상부상조를 함에 마음과 힘을 다 바쳐 전안을 기약하겠습니다. 광서초년에 귀국은 유럽 여러 나라와 조약을 맺고 문성을 갖추어 귀국은 오래도록 잊지 못해 하던 의를 요구하던 것을 펴게 되었습니다. 그래서 해마다 세계 각국이 골고루 체결한 마관조약 제1관에 따라 중국은 귀국의 독립과 자주를 인정하여 명확히 하였으며, 멀리는 과거 우호관계를 생각해 가까이는 현실의 어려움을 통찰하고 보거순치의 의를 더욱 마땅히 함께 간절히 강구하여, 이에 이품함후보삼품경당 서수붕을 출사 대신으로 파견해서 친히 국서를 가지고 한성으로 달려가게 해서 짐의 뜻을 대신 베풀게 합니다. 해당 대신은 박식하고 충성하며 일처리가 밝고 능숙하오니 대 황제께 바라는 것은 접대를 더 잘해 주시고 귀국정부로 하여금 통상조약을 약증하여 오래가게 하소서. 이로부터 두 나라가 영구히 화호를 돈독히 하며 함께 승평(태평)을 향유하기를 짐은 두터이 바라고 있습니다."라고 되어있다.

무술년(광무2년) 20

　　나주군수 김직현을 경북관찰사로 임명했다. 김
직현은 결세전 8만원을 몰래 빼내어 군리 김용규를 시켜
서울에 올라가 헌납하고 관찰사로 승진하였다. 그의 문객
심상호는 영암군수가 되고 김용규 또한 해남군수가 되었는
데 이때 내외관직을 옮기고 임명하는 것이 대체로 이와 흡
사했다.

매천야록

기해년(광무 3년)

기해년(광무3년) 1

의학교를 설치하여 고 김홍집이 저택을 교숙으로, 지석영을 교장으로 임명했다. 지석영은 일본에 들어가 우두법을 배워왔는데 기묘년과 경진년(고종 16~17년) 사이에 우리나라에 종두를 전하면서 어린이들이 천연두로 죽는 것을 막았다. 서양의 방법도 능통해서 의학자로써 이름을 날려 훈장을 받았다.

기해년(광무3년) 2

    3월에 성균관은 박사 10명을 두어 문학에 뛰어난 선비를 뽑았는데 이것은 지방에 있는 유생들의 마음을 위로하려는 것이었다.

  고종은 사교(천주교)가 만연하면서 유교학술이 침체하고 쇠약해졌다고 생각해 조칙을 내려 종교를 부식시키며, 공맹의 학을 숭상하여 성균관관제를 개편함과 동시에 초현당을 설치하고, 숙학(학리에 능통한 사람)으로 숨어있는 선비를 발굴하기 위해 선발했던 것이다.

  그러나 빛 좋은 개살구 격으로 겉만 꾸몄을 뿐이었다. 이때 국내에 양교에 물든 사람이 자그마치 4만 명에 이르렀다. 유민들이 선동하여 야소교에 의탁하면 부과 군에서는 감히 묻지를 못했다.

  민영주는 일생을 악을 쌓아 용서받을 수 없게 되자 마침내 종현 학당에 투입하고 많은 사람들로부터 성원이 있기를 바랐지만 사람들은 더욱 그를 미워했다.

  신문사사장 남궁억은 부처가 천교에 들어갔다는 제목으로 신문에 보도하였는데, 민영주를 불자의 제목으로 삼은 것은 백성의 재산을 탈취해 살았기 때문에 부처님과 같다고 한 것이다. 이것은 본 민영주는 크게 노하여 그의 무리를 시켜 남궁억을 붙잡고 욕을 보였다고 한다.

기해년(광무3년) 3

　　임오년(고종 19년)에 청국인들이 우리나라에 원
병을 왔을 때 장안에 걸식하던 어린이들을 붙잡아 중국에
팔아넘긴 숫자가 1년만 수천수만 명이나 되었다.

　종현 학당이 세워지면서 서양 사람들은 영아원을 설치하
여 보호하며 기른다는 것을 빙자했는데, 거지행각을 하며
버려진 아이들을 모아 1대대를 편성하여 선척에 가득 싣고
떠나갔다. 이것은 청국인에 비해 거의 갑절이나 되었던 것
이다.

기해년(광무3년) 4

4월, 조동만이 상소하여 자기 당제 조동윤이 두 아내를 거느리게 해줄 것을 청했는데 이를 허락했다. 갑신정변 때 조영하는 홍영식에게 죽었다. 조영하의 아들 동윤은 홍영식의 형인 만식의 딸에게 장가를 들었는데 정과 사랑이 매우 두터웠다.

그러나 조동윤은 원수의 딸이라며 이혼을 하고 김상준의 딸에게 다시 장가를 들었다. 홍만식의 딸은 친정으로 돌아와 쪽을 풀고 댕기를 따서 처녀로 분장하고 맹세하기를 "죽기 전에 반드시 조씨의 며느리가 되겠다."고 하였다. 갑오 후에 모든 역당들의 죄가 풀렸지만 조동윤은 물의를 일으킬까 두려워서 다시는 결합하지 못했다. 그래서 조동만은 여성제의 고사를 이유로 들어 두 아내를 거느릴 것을 상소했는데 이를 허락했다.

기해년(광무3년) 5

　　5월, 서울에 사는 권세있고 높은 벼슬아치 집에
폭탄을 던지는 일이 있었다. 밤만 되면 계속 발생하여 신기
전의 낭무(정전에 부속된 건물)가 불타서 주청하여 세밀히
조사했지만 범인을 체포하지 못했다.

　고종은 몹시 무서워했는데 러시아공사관에 알지 못하게
행차한 것이 여러 번 있었다. 최후로 임병길을 잡아 심문했
는데 장차 대궐을 범할 음모가 있다고 했다. 그러나 그것을
처리하지 못하고 다만 야순을 실시하여 모사와 궁전과 정
권을 휘두르는 여러 재상집을 호위하는데 그쳤다.

기해년(광무3년) 6

충주 사람 성강호는 귀신을 볼 수 있다고 해 고종은 그를 불러들여 죽은 민비를 보아달라고 명했다. 하루는 경효다례를 행하는데 성강호가 갑자기 서둘러 계단 밑에 엎드렸다. 고종이 무슨 이유인가라며 묻자 그가 말하기를 "명성황후가 오셔서 탑으로 올라가십니다."라고 하였다.

고종은 탑을 수탐하면서 통곡하자 성강호는 "통곡이 심하면 신령이 다시는 오시지 않습니다."라고 했다. 그러자 고종은 억지로 눈물을 거두었다. 이로부터 전릉에 일이 있으면 문득 황후가 왔느냐? 오지 않았느냐? 하고 물었는데 그가 대답하기를 "유명은 다름이 있어서 혹은 내려오시기도 하고 내려오시지 않기도 한다."고 하였다.

고종은 항상 민비를 생각할 때면 반드시 그를 불렀으며, 일 년 만에 벼슬이 협판이 되었다고 그의 대문은 사람들이 시장같이 붐볐다.

기해년(광무3년) 7

　　진주에 약령을 설치했다. 우리나라 풍속에 약시를 영이라고 하였다. 예전에는 봄과 가을에 대구와 공주에서 열렸다. 민응식이 통어사가 청주에 있을 때 청주에서 공주로 옮겼다가 곧 폐지가 되었다.

　조시영이 경남관찰사로 있으면서 진주가 조폐(마르고 시들어 쇠약해짐)한 것을 민망스럽게 여겨 약령을 설치하여 튼튼하게 하려고 조정에 알리고 강력히 설치했다. 그러나 대구의 번성한 것에 미치지 못했다. 이은용이 새로 부임해 오더니 관애(상인을 관리하는 기관)에 지시하여 상민들을 붙잡아 은은(개가 싸우며 짖는 소리)함이 첨정(일꾼)과 비슷했다. 이로 말미암아 교역의 길이 막히면서 장사꾼들은 몹시 궁색해졌다.

매천야록

경자년(광무 4년)

경자년(광무4년) 1

　　1월, 동학의 여당들이 진주와 곤양 사이에 모여 있어 관찰사 이은용이 토벌할 것을 전보로 청하였다. 또 보은군에서 보고하되 상주 땅에서부터 어떠한 사람들인지 알 수 없는 백여 명의 무리가 속리산 천왕봉에 올라가서 기도한다고 자칭하며 한 깃발을 세웠다.

　깃발에는 큰 글자로 천지합덕(하늘과 땅에 덕이 합했다는 뜻으로 동학교도를 표시한 것) 척왜양창의기(일본과 서양을 물리치고 의병을 일으키자는 뜻을 나타낸 깃발)라 쓰여 있었으며 3일간 머물러 있다가 가 버렸다.

경자년(광무4년) 2

　　동학교도들이 해서지방 여러 군에서 다시 일어났으며 양호의 동학의 여당들이 덕유산에서 하늘에 제사를 지내다가 상무사원 이규환이 급히 밀어닥쳤다. 이에 동학교도들은 전도차첩, 염주, 투서(도장)등을 버리고 도망쳤다.

압송되는 전봉준

경자년(광무4년) 3

경흥부에서 민란이 일어나서 감리 남명직을 수
감했다. 남명직은 도처에서 탐혹하여 남주뢰(형벌의 하나)
라 불렀다. 원산항에서도 민란이 일어나 경무서가 부서졌
고 경관 유한원은 서울로 송치되어 심문을 받았다.

경자년(광무4년) 4

　　이재순. 민영환. 권재형. 조병식. 박제순. 이윤용 등에게 모두 공로가 있다고 하여 3등훈을 내리고 태극장을 수여했다. 훈장이란 서양에서부터 창출한 것으로 군주끼리 서로 주고받으며 신하도 특별한 공훈이 있으면 주었다. 비록 외국대신이라고 해도 공로가 있다는 소문이 들리면 보내주는데, 주는 사람은 명성에 있게 되고 받는 사람은 영예를 얻는 것이다.

　고종은 외국을 동경하여 표훈원을 설치하고 장격(훈장을 수여하는 격식과 절차 문제를 정한 규칙)을 정하였다. 그렇지만 세상 사람들이 매국노라고 불리는 자들까지 모두 훈장을 받았는데, 1년이 지나면서 도나 개나 훈장을 받지 않은 사람도 있었으며, 일본사람은 훈장을 받으면 수일간 가슴에 달고 다니다가 바로 녹여서 팔았다.

　즉 다른 사람들에게 업신여김을 받는 것이 이와 같지만 고종은 깨닫지 못했다. 이제부터 훈장에 관한 이야기를 하지 않겠다.

경자년(광무4년) 5

　　　　　유기환이 상소했는데
"윤용선. 조병식. 민종묵. 이건하. 권재형 등을 핵주(관리
의 죄과를 탄핵하여 임금에게 아뢰는 것)하여 인신의 의가
없으니, 청컨대 극률을 시행하여 국민에게 사례하라!"고
하였다.
　이에 윤용선은 성 밖에 나가 있었는데 고종이 계속 들어
오라고 간곡히 말했지만 듣지 않다가 만수절 축하석상에
나타났다. 조병식 등은 자핵(스스로 캐물음)하였고 권재형
은 유기환과 대질심사를 청했다 그러자 고종은 유기환이
올린 상소가 조정을 들춰 편안치 못하게 하였다며 유배 5
년을 명했다.

경자년(광무4년) 6

　　의성군수 박항래가 청비를 격파하여 도망치게 했다. 도적 떼 수천 명이 대동구에서부터 강을 건너가겠다고 으름장을 놓자 압록강 일대는 크게 혼란스러웠다.

　박항래는 군내의 사람들을 부륵(부서를 정하여 배치함)하여 강을 건너서 만주 안둥현까지 복병을 매설하고 있다가 적을 요격했다. 칠흑 같은 밤에 공격을 당한 적들은 도망하다가 강물로 추락하였으며 사망자를 밟고 도주했다.

　이도재는 이와 같은 사실을 조정에 알려 녹공할 것을 청하였다. 내부대신 이건하는 이도재와 사이가 좋지 않은 관계로 이를 묵살했다가 한참 후에야 한 급을 올려주었다.

　박항래는 청렴하고 위엄이 있었으며 다스림이 도내에서 제일 뛰어났다. 청국인으로 우리나라에 흘러 들어와 살고 있는 사람들이 대안에 비석을 세워 이웃을 구하고 도적 떼를 물리친 공로를 칭송했다.

경자년(광무4년) 7

　　동대문 밖에 김태식이란 사람이 살고 있었는데 그는 호걸풍이었지만 집안은 몹시 가난했다.

　어느 날 술에 취해 사람들에게 "국사가 나날로 형편없어 시민이 되어 차마 앉아서 볼 수가 없다. 그래서 제군들에게 청한 것이다"는 말을 마친 후 그날 밤에 선영 곁에 구덩이를 파고 독약을 마시고 자살을 했다.

경자년(광무4년) 8

청국공사 서수붕이 귀국하고 참차관으로 있는 허태신이 서리공사로 집무했다. 서수붕이 처음 고종을 뵈올 적에 우리나라의 기수(스스로 돌아가는 그 자신의 길흉과 복의 운수를 일컬음)가 왕성하고 풍속이 아름답고 말하자, 고종은 이상하게 생각하고 묻자 그는 "폐방은 벼슬을 팔아먹는 지 10년이 채 안되었지만 천하가 크게 혼란하여 종사가 몇 번씩 전복되었는데, 귀국은 벼슬을 팔아먹은 지 30년이 되어도 보좌(임금의 자리)가 아직도 근심이 없어지니 기수가 왕성하지 못하고, 풍속이 아름답지 않으면 능히 여기까지 왔겠습니까?"라고 하자 자신의 부끄러움을 알아차리지 못하고 크게 웃자 서수붕 자리를 떠나면서 다른 사람에게 "슬프도다! 한국민이여!"라고 하였다

김구 선생의 백범일지

제 **4** 권

매천
야록

신축년(광무 5년)

신축년(광무5년) 1

1월, 평안북도 태천군에서 동학교도가 또다시 일어났다. 강성택, 이지점, 손동규 등을 추해하여 접주로 삼았으며 지당들이 매우 많았다.

신축년(광무5년) 2

　　김영준은 죄가 있어 분주했다. 지난 번 민영주
가 러시아인에게 월미도를 몰래 팔아 큰죄를 받게 되어 그
의 아들 민경식이 김영준에게 구원해 달라고 부탁했다.

　그러자 김영준은 민경식에게 방법을 가르쳐 주었는데 그
것은 러시아공관에서 군대를 빌려서 고용을 겁박하고 엄비
와 모든 권신들을 살해하고 정부를 바꾸라는 것이었다. 이
말을 들은 민경식은 그의 말대로 행하려고 했다.

　그러나 이 일이 오래도록 결정되지 않자 김영준은 두려워
하여 변을 알리고 주석면을 끌어들였지만 그는 알고 있으
면서 알리지 않아 죄를 받았고, 민경식 또한 함께 도모를
하다가 늦게 고했다는 이유로 종신유형을 받았다. 김영준
을 처음엔 참형에 처하려고 했지만 조칙으로 교형을 받았
다.

　법사는 옥변으로 두려워하여 죽일 것을 재촉하였고 백성
들은 길에서 서로 만나면 경사가 났다고 기뻐했다. 고종은
그를 죽일 뜻이 없었지만 그 소식을 듣고 탄식하기를 "어
찌 공사를 받들어 재물을 바치는데 김영준 같은 자를 얻을
수 있겠는가"라고 하였다.

　김영준은 서자 신분으로 버려져 있었다. 그가 갑자기 높
은 벼슬에 오르자 적가를 짓밟았고 윤리를 깨트려 그의 어
미의 신주를 만들어 형 영철을 꾸짖어 아버지 묘에 붙여 달

아놓았다. 또 어미의 무덤을 파 아버지의 묘에 합장하여 "살아서 함께 살았는데 죽어서 같은 무덤에 들어가지 못하는 법도 있는가?"라고 말하였다.

경과 재상들이 서신들을 주어서 생이라 칭하고 제라 칭하지 않으면 끌어다가 땅 바닥에 내동댕이치며 "이놈 살고 싶지 않은 모양이구나. 생이란 것은 누구의 이름이냐?"하자 그에게 두려움을 느껴 주위에 친구들이 없었다.

그가 공분을 범한 것은 중요 직책에 서자들이 절반 이상을 차지하여 그들의 세력이 점점 커지면서 사대부라며 교만하고 경솔했던 자도 그에게 벗을 허락해 아우라 칭하지 않을 수가 없었다. 그렇지만 혼가문제에 있어서는 아직도 통하지 못했다.

신축년(광무5년) 3

　　주석면은 북관사람이다. 갑오 이후 북쪽 사람
으로서 출세한 사람은 김학우. 장박. 이용익. 김홍륙. 조윤
승. 강홍대 등이며 이들 모두는 횡포가 너무 심해 세상 사
람들의 이목을 끌었다. 그렇지만 주석면만은 유순하게 행
동하고 겸손하게 받아들였기 때문에 오래도록 벼슬길을 유
지할 수가 있었다.

　하지만 그는 자신의 집안을 너무 보잘 것 없음을 몹시 부
끄럽게 생각하여 주자를 원조로 삼았던 것이다. 주자의 4
대 손이 세상을 피하여 동쪽으로 나가서 능주에 살았다고
하면서 임금께 청하여 본관을 신안으로 고쳤다.

　이후 그는 모든 주씨들을 모아 족보를 만들었으며 윤용선
과 이근명이 서문을 써서 그 일을 서술하게 했다. 그러자
세상 사람들은 천서의 본색을 드러냈다며 비아냥거렸다.

　길영수는 청주 도가 출신으로 모든 길씨를 위협하여 자칭
길재의 종손이 되어 그의 집에 야은 길재의 신주를 봉안하
였다. 하상기는 서울 천안출신으로 교지를 내리게 하여 단
계 하위지의 종손이 되었다.

　송병준은 은진에 붙어서 송시열의 후에 행세를 했는데 여
러 송씨들이 도리어 그에게 붙었다. 그래서 송병위. 송병
옥. 송병찬 등은 송병준이 힘을 발휘해 대과에 급제시켰는
데 이와 같은 경우가 이 당시에는 무척 많았다.

다른 사람과 달리 주석면은 우리나라에 살고 있는 주씨로
서 뛰어난 조상이 없었기 때문에 궁여지책으로 주자를 끌
어댄 것이었다. 민영준은 김영준의 이름과 발음이 같은 것
을 싫어해 영휘로 고쳤으며, 이은용도 영친왕 이은의 '은'
자를 피하기 위해 이름을 고쳤다.

신축년(광무5년) 4

    3월, 민영기는 형수(민영익의 아내) 김씨와 함께 본국으로 돌아왔다. 민영익이 홍콩에 거주하면서 오래도록 돌아오지 않아 부인 김씨가 갔던 것이다. 고종은 민영익의 양자 정식을 파하게 하고 민겸호의 아들 영찬을 시켜 두 국구의 제사를 겸토 하도록 명했다.

  이것 때문에 김씨는 민영기를 따라 귀국했던 것이다. 민영익은 본래 천엄으로 오랜 기간 동안 해외에 있으면서 좋은 약을 복용해 양도의 회복되어 첩을 얻어 아들을 하나 낳았는데 이름을 보라고 했다.

  민영익은 본국의 상란(민비의 죽음)을 알고 돌아갈 의사가 없었으며 홍콩과 관동의 대포현을 왕래하며 만전의 계획을 세웠다. 그래서 홍삼의 이익을 관장해 자본금이 누만금에 이르자 난초 그림을 익혀 천하에 퍼지게 했는데 그것이 바로 운미란(운미는 민영익의 호)이다.

신축년(광무5년) 5

7월, 일본인들이 자유롭게 한국에 건너오겠다고 하여 일본과 조약을 맺었다. 조약은 여권과 호조(외국인들에게 주는 여행권)가 없으면 한국에 출입하는 것을 허락하지 않았다.

이것은 우리나라를 가볍게 생각하여 멸시하면서 아무런 장애를 받지 않고 식민을 위해 오면 시험적으로 던진 미끼였던 것이다. 지난해 중국에서 있었던 연합군과 합동작전 때 러시아와 일본이 만주문제로 다투었다.

잠시 후 일본은 러시아에게 만주를 양보했고 조선에 대해선 간섭하지 말 것을 청하여 정약했는데 이것은 한 마디로 만주와 조선을 바꾼 것이었다.

신축년(광무5년) 6

10월, 토지를 측량하는 일이 멈췄다. 기해년(광무 3년) 여름부터 개량을 시작하였는데 이해 7월에 이미 측량한 것은 경기도가 14군, 충청북도가 13군, 충청남도가 18군, 전라북도가 14군, 전라남도가 13군, 경상북도가 22군, 경상남도가 8군, 황해도가 2군, 등 모두 104군으로 비용은 탕전(냉탕고에 둔 돈) 19만 146원41전4리이며, 누결이 6만6901결 52부, 누호가 18만8832호였지만 흉년이 들어 멈출 수밖에 없었다.

신축년(광무5년) 7

이근택은 동대문 밖 영미정에 나아가 원흥사를 창건하고 13도의 사찰을 통할했으며, 승군 50명을 두고 오위해의 예에 따르게 했다. 이근택은 자신이 총사자이 되어 일본 승려 광안진수 등을 맞아서 단에 올라가 불법을 강연케 했다.

서울 주변에 있는 32개 사찰에 있는 중과 우파새(출가하지 않고 불제자가 된 남자) 1천여 명이 모였는데 사녀들이 몰려들어 시장으로 들어가는 것 같았다.

이근택은 한규설의 성질로서 고종의 사랑을 받게 되었다. 일찍이 일본 상점을 들렀다가 수대 하나가 있는 것을 보고 혹 명성황후가 두르던 것이라 인정하였는데 피의 흔적이 아직도 묻어 있었다.

이근택은 6만 냥을 들여 구매하여 고종께 바치자 고종과 태자는 놀라 슬피 흐느껴 울었는데 마치 명성황후가 다시 살아난 것 같은 느낌이었다. 이근택은 이로 말미암아 날로 친밀한 사랑을 받았으며 형인 근호와 아우인 근상이 함께 서로 교대로 중대한 자리에 앉았다.

신축년(광무5년) 8

지리산이 3일간 울었는데 그 소리가 수 백리 밖까지 들렸다. 안영중이란 자가 있었는데 예전에 남원 땅에 살았다. 기술을 좋아하여 능히 역수(역이 법칙에 의하여 길흉을 미리 아는 술법)를 담론할 수 있어서 사람들은 그를 안주역이라고 했다. 갑오동학란 때 모친상 중에 있었는데 상복을 벗어 붙이고 김개남에게 붙어서 좌포장이 되었다.

싸움에 패하자 가족을 모두 이끌고 서울로 도망했으며, 그것으로 인해서 특별히 입대(대궐 안에 들어가 임금에게 진알하고 임금의 자문에 응하는 일)하였다. 지리산맥이 바다 속으로 뚫려 일본국토가 되었다고 말하는데, 그것을 파서 눌러버리면 일본은 마땅히 사멸할 것이라고 하였다.

고종은 이상히 여겨 안영중을 양남도시찰에 제수했다. 그는 많은 남자들을 동원하여 운봉경계에 뻗은 산맥을 파서 끊어 놓으려고 겨울철에 역사를 시작하니 돌 틈에서 물줄기가 뻗쳐서 공사를 진행할 수가 없었다.

관찰사 조한국이 여러 번 소환할 것을 청했지만 듣지 않다가 안영중은 산이 우는 소리를 듣고 두려워 중지하였다. 얼마 안 되어 현풍군수로 나아갔다.

신축년(광무5년) 9

최씨 성을 가진 과부가 있었는데 합천에 있는 해인사를 왕래하며 기도한 지가 30년이 된다. 정성으로 자란 아들이 있다고 말하고 있지만 정작 그를 본 사람들은 없었다.

전 판서 이용직이 첩을 데리고 해인사 곁에서 살 곳을 가려서 정하고 최씨에게 자급(베풀어 줌)하여 사람들은 몹시 괴이하게 생각했다. 올 겨울 경병이 이 절에 들어가 최씨를 체포해 국문하여 그의 아들을 잡으려고 하였지만 결국 포획하지 못했다.

이용직은 와주(도둑이나 노름꾼 소굴의 우두머리)로써 납전 수십만 냥으로 겨우 면하였다. 경병은 3~4개월을 수포하여 치류(중)들은 모두 흩어졌다.

제 **4** 권

매천
야록

임인년(광무 6년)

임인년(광무6년) 1

　1월 러시아 사람들이 제멋대로 경흥부에 전주를 세워 외부대신 박제순이 뽑아버리게 했다. 그러자 러시아공사 파우로후가 크게 노하여 상감을 뵈옵고 박제순을 외부대신 직에서 갈아 치우라고 청하였다.

　박제순 또한 상소하여 사직하니 파우로후는 스스로 이굴(이론이나 이치가 옳지 못함)함을 부끄러이 여기어 다시 조정에 청하여 언사가 공손했지만 조정에서는 굳이 허락하지 않았다.

임인년(광무6년) 2

　　박제순을 주청공사에 임명하여 북경으로 가게
했다. 고종은 비로소 청국과 항례로서 사신의 예가 예법이
간략하고, 청국인의 조소거리가 될까 화려하게 꾸미게 하
여 다른 건물보다 특이하게 하려고 했다.

　또한 박제순은 문장을 화려하게 꾸밀 줄 알고 외교에 능
란하여 뽑아서 보냈다. 박제순이 도착하여 신관을 꾸미고
자 그 비용을 계산해 보니 수백만 원을 들이지 않으면 마련
할 수가 없었다.

　마침 미국공사가 그들의 구공관을 팔아서 14만원으로 그
건물을 매입했으며 굉장하고 컸다. 각국 공사관과 서로 왕
래하며 그들이 들어있는 건물을 보니 모두 훌륭한 정원으
로 꾸며져 있어 부족한 점을 찾아볼 수가 없었다. 박태영이
참서관으로 박제순을 따라갔었는데 일찍이 나에게 그 일들
을 말해서 서로 희소한 적이 있었다.

임인년(광무6년) 3

　　11월에 이용익은 외국에 나가 안남 쌀을 사들였다. 이용익은 내장원경으로써 고종의 개인재정을 관리하며 판각(물건을 팔고 사며 이익을 독점함)할박하여 원망하고 저주하는 것을 돌아보지 않았다.

　이 해 가을에 탁지대신서리로 부군의 결한 세를 독촉하여 처자들을 가두며, 진신들을 욕보여서 이에 조신들이 이를 갈았으며 이에 사사로운 원한을 사게 되었다. 이용익은 안으로는 슬기를 보였고 밖으로는 채찍질을 가했다. 일찍이 고종의 허물을 면전에 대고 공격하여 말하기를 "폐하는 엄빈을 총애함이 중국 당나라 현종이 양귀비를 사랑한 것과 다를 바가 없습니다."라고 하자 고종은 웃으면서 그 어리석음을 죄주지 않았다고 한다.

　또한 일찍이 엄비에게 신이라 칭하였는데, 엄비는 감히 황송해서 어찌할 줄을 몰랐다. 이에 여러 사람들이 이를 빙자하여 사직시켜 죄를 주려고 하였다.

　심순택. 윤용선. 조병세 등은 혹은 연차를 올리거나 또는 독자적으로 상소하여 10부가 이를 계속했으며, 그를 대역으로 지적하고 대궐에 엎드려 물러나지 않았으며, 이용익을 장차 작살내려고 엿보고 있었다.

　그 종은 그것을 살펴보고 궁궐에서 10일간이나 묵게 하고 추방시키라는 말씀을 하였지만 오히려 비화(터무니없는 참화)를 염려하게 되어 상해로 몰래 보내서 안남미 10여만 석을 사들이게 하였다.

인천항에 이르니 기호지방이 그것에 의지하게 되었다. 이용익은 청렴하고 재간이 있었고 식사에도 육식을 중히 하지 않았다. 또 도포자락도 해졌고 모자도 해진 것을 쓰고 다니면서 성색(말소리와 얼굴빛)의 신봉함이 없어 고종은 그의 고고하고 청렴결백한 것을 믿었다.

그제야 매양 선색(왕명에 의하여 유사에 재물을 빼앗음)이 있으면 백만 냥이라도 가히 내주었는데, 마구 받아내므로 세상 사람들이 모두 그의 살점을 씹으려고 하였지만 고종은 시종 그를 비호했다.

구한말의 의병들

제 **4** 권

매천
야록

계묘년(광무 7년)

계묘년(광무7년) 1

　(1월)일본인이 은행권을 만들었다. 스스로 백동
화를 주조한 이래 몰래 만드는 자의 형률이 엄히 하여 교형
을 받는 자가 상속했지만 그래도 만들어 운반해 왔기 때문
에 물가가 날로 뛰어서 쌀이 섬당 1만5천전이었다.

　백동화폐는 많아졌지만 엽전은 값이 올랐다. 백동화 1원
은 엽전 25원에 해당되자 도리어 엽전 6~7개로 동화폐 1
백 개를 바꾸게 되어 경중이 정해짐이 없어서 우리나라의
농민과 상인이 모두 병들게 되었다.

　이에 이르러 일본인은 또 지폐를 만들어 제일은행권이라
불렀으며, 청국상인으로 동순태라는 상호를 가진 자는 동
순태상표를 발행하여 매양 한 조각의 지표로 앉아서 백화
를 벌어들였다.

　전폐의 권한은 값을 떨어뜨리는 것이 외국 사람에게 있으
니 국가의 계책을 가히 다시 모을 필요조차 없다. 대개 각
국 지폐법은 공사를 막론하고 먼저 국고에 본위금을 정립
시켜놓고 그 값이 천원어치라면 지폐도 또한 천원을 만들
며, 만원어치라면 또한 만원어치를 만들어냈다.

　그러므로 국가에서는 범람해서 발행하는 폐단이 없으며
지폐가 낡으면 국고에 환납하고, 국고는 본금을 상환하는
까닭에 백성들은 백실(밑천까지 몽땅 잃음)의 근심이 없다.

　일본이 스스로 청국과 전쟁을 치룬 이래 국용이 능연(옳

지 못한 모양)하였고, 또한 내국의 철도를 운영하여 지불할 돈이 없으면 지폐를 날조하여 오직 내국에서만 행하게 하여 철도건설의 비용에 충당하였는데 실제로는 한 푼의 본위금도 없었다.

이에 우리나라 사람들이 들고 일어나 저항했지만 일본은 위협하여 행하게 해서 차차 통용하게 되었다.

계묘년(광무7년) 2

북간도 시찰관 이범윤이「북여요람」을 지어서 올렸다.「간도」함은 토문강 이하 두만강 이서의 땅을 통칭하는 이름인데 도라고 한 것은 와전된 말이다.

예전에는 한국과 청국이 금한 바 되어 그 땅을 비어둔 지 수백 년이 된다. 근래에 서북민들이 주구의 곤란을 느껴 가족들을 이끌고 몰래 건너가 살아서 호수가 10여만 호에 이르렀지만 소속할 곳이 없었다.

이에 청국과 러시아가 서로 점령하여 우리 백성들은 양국의 침식을 입어 원통하고 한스러움이 뼈에 사무쳤으며, 여러 차례 본국 정부에 호소하여 본국에 소속되기를 원했다. 그래서 우리 정부는 이범윤을 파견하여 그 일을 맡아보도록 하였다.

이범윤은 가시밭길을 헤치며 불러들여 한데 편히 모이게 하였지만, 청국인들이 불편을 주었으며 청국공사 허태신은 계속 우리 정부에 도촉하려 소환케 하였으나 백성들이 쫓지 않아서 이범윤 또한 그 곳에 머물러 있었다.

드디어 두 나라 지계에 관한 것이 기록에 전하는 것을 뽑아서 부문별로 나누어 사건을 기술하였으니 책의 이름은 「북여요람」이라고 하여 정부에 이것을 헌납했다.

계묘년(광무7년) 3

군수직의 과기(관리의 교체하는 시기)를 개정하여 16개월로써 기한을 잡았다. 이때 수령을 제수하면 돈이 많은가 적은가를 보고 채용하게 되었다. 고종은 관직을 자주 팔게 되면 많은 돈이 들어오는 까닭에 일 년이 채 되지도 않아서 갈아치며, 돈을 받고 후임자를 이미 엿보아 두어 군수가 부임하면 바로 표략을 자행하는데 시일이 조금 지나면 갈아 치운다.

그러나 들어온 것은 많지만 관직을 샀을 때 본전은 충당하질 못했다. 고종은 또한 마땅히 갈아 치울 사람을 조사하여 돈이 많은 사람이면 타군으로 전임시키고 전임시킨 값을 징수하였다.

고종

한사람이 한 해 동안에 5군을 옮긴 사람이 있으며 한 군이 한 해에 5수령을 맞이한 곳도 있다. 그래서 부자로 군수가 된 자는 몇 해 동안에 가산을 탕진하게 되어 관직을 사려는 사람이 점차 적어졌다.

고종은 그것을 알아차리고 드디어 그 기한을 펼쳐서 16개월로 정한 것이다. 이때에 기호 이북에서는 백동전을 사용했고 양남지방에서는 엽전을 사용했는데 백동전 한 냥은 겨우 엽전 70문에 해당되어 양남지방에 관직을 사는 사람은 서울에 백동전을 바치게 되니 시골에서 엽전을 바꾸는 까닭에 10만 냥이라고 하면 실제로는 70만 냥이 되게 된다.

또한 양세를 바치는 백성들은 엽전으로써 봉납하며 서울은 백동전으로 납부하여 들어앉아서 이를 얻는 것이 원봉의 열배가 되었기 때문에 양남의 각 군은 특별히 기름진 단지로 꼽혔다. 밀양의 박병인은 35만 냥으로 경주군수에 임명되었다.

 계묘년(광무7년) 4

    대정군수 채귀석을 경옥에 가두었다. 제주도는 신축교인들의 소란이 있는 이래 교인들이 날로 성하여 백성들은 살아갈 수 없었다.

  프랑스 공사 갈림덕이 들어왔을 때 교인들이 무고하고 날조하고 채귀석을 체포하여 배상을 물리고 3년간을 갇혀 있다가 비로소 석방되었다. 갈림덕은 또한 정부를 핍박하여 제주교인의 장치를 정하여 주게 하니 비옥한 땅을 다투어 점령하여 그의 숙원을 보상받았다.

  이응익이 해서교안을 핵실하여 그 사실을 추궁하니, 교인들은 서양 집에 뛰어들어 체포하는 것을 항의하였으며, 프랑스공사 갈림덕은 또한 법부에 공갈하여 그들을 서울에 압송하여 처벌받지 못하도록 하였다.

  이러한 일로 말미암아 간민들이 날뛰어도 징악(나쁜 사람을 제재함)할 수 없게 되어 양민들은 모두 고개를 떨어뜨리고 기분이 상했다.

계묘년(광무7년) 5

　　일본인이 경부철도를 부설하는데 상. 중. 하 세
곳으로 나누어 공사를 기공했다, 하지역은 부산에서 시작
하고, 중지역은 천안에서 시작하며, 상지역은 서울에서부
터 시작했다.

　서울은 남대문 도동에서부터 공사를 시작하여 가옥을 철
거하고 무덤을 파내며 곧은 길로 한강까지 뚫었는데, 매 무
덤 당 3원씩 지급하여 이장비로 충당하도록 하였지만 무덤
을 파게 된 사람들은 이장하여 또 파내게 될까 두려워 종종
화장하는 일도 있었다.

　철도 곁에 매 30리마다 하나의 정거장을 두었다. 역부들
이 모질고 독살스러워 밤에는 모여서 도적 떼가 되었고, 낮
에는 상점을 겁탈하였으며, 그 뜻을 어기면 살벌한 지경에
까지 이르러 그들이 거치는 지방은 병화를 입은 것 같았다.

　일본인을 또한 우리 국민들을 모집하여 후한 품삯을 주었
다. 하지만 일을 태만히 하여 힘써 하지 않은 사람은 때려
죽여서 구덩이에 집어던지고 흙으로 묻어 평평하게 하니
몹시 슬프고 애통해 했지만 지금도 나아가 응모하는 자가
있었다.

제 **5** 권

매천 야록

갑진년(광무 8년)

갑진년(광무8년) 1

(1월) 일본인이 전보국과 우체사를 탈취하였다. 일본은 우리나라 사람이 러시아와 통하여 그 군사기밀을 누설할까 두려워 전보국과 우체사를 탈취하여 자신들이 관리하며 전쟁을 끝내고 돌려줄 때까지 기다리라고 말했다.

그 후 점거하였으니 이로부터 우리나라는 매년 당 세금 수백만 원을 잃게 되었다. 일본인은 인천에서 계속 입경한 자는 군대가 5천여 명이며 군마가 1만여 필로서 창덕궁. 문희묘. 원구단. 저경궁. 관제원. 관리서 등을 밀려들었는데 모두 18개 처에 연이어 군영을 삼고 주둔하였으며, 서문 밖 민가 수백채를 사드려 헐어서 마구간을 만들었다.

또한 오강(한강)연안에 천막을 치고 침처를 만들었으며 밥 짓는 연기가 수백 리까지 퍼졌다. 남쪽으로부터는 동래에서 대구로 나아가고, 남해에서 남원으로 나아갔으며, 군산에서 전주로 나아갔다.

서오에는 평양. 삼화, 북로는 원산. 성진에서 서로의 거리를 20리로 하여 차차 요동을 향해서 나아갔다. 이르는 곳마다 군기가 몹시 엄숙하여 감히 약탈행위를 저지름이 없었으며, 방문을 붙여 우리 국민에게 알리되 소란하게 동요하지 말라고 하였다.

그런데 횡포하고 교활하여 불순한 자는 모두가 우리간민들이 그렇게끔 인도했다. 일본군의 군량과 무기가 마초. 콩은 배로 운반해서 많이 쌓아 놓았으며, 군량미는 한포대가 5~6말을 지나지 않았는데 혹은 보리, 혹은 황두로 쌀은 5분의1 정도 섞어 있고 모두 소금으로 적시었다.

군량 운반자를 뽑으니 많은 사람이 달려왔는데 10리에 우리나라 돈 한 냥씩을 주었고 우리나라 관리를 시켜서 관리케 하니 관리들은 서로 속임수를 써서 일본인이 10전을 주면 고용인은 단지 5전만을 받는 일도 있었다.

또한 볏짚. 죽간. 목판. 닭. 계란 등을 민가에서 징수했으며, 부호를 책하여 쌀을 내놓게 하여 일본인들은 제값을 주면 우리 관리들은 훔쳐 먹고 의젓하게 떳떳한 녹봉같이 생각했다.

혹은 일본인과 결탁해서 백성을 놀라게 하는 자도 있었다. 군량미 매 포대 당 백리 운반으로 계산하면 운반가격과 군량미 값이 서로 같은데, 혹은 내지를 쌓아 두었다가 갑자기 또한 해구로 퇴수하기도 하여 그 군량미를 옮기는 비용은 가히 숫자로 계산할 수 없었다고 한다.

호남지방으로 말하면 남원 광한루에 쌓아둔 것이 6만포나 된다고 하니 나머지는 추측할 수 있을 것이다. 어떤 이는 말하기를 일본은 갑신년부터 이십 년 간을 힘을 길러서 한번 싸워 청국인을 이기고 또한 러시아에 적용하려고 공사의 재물을 아껴 군대양성에 오로지 힘썼으니 무릇 상비

병이 40만, 예비 병력이 40만, 순라병이 20만으로 모두 1백만 명이나 되었다.

식량을 쌓아둔 것이 가히 10년을 지탱할 수 있으며 우리나라 돈을 긁어 모은 것이 우리나라에 현재 있는 돈보다 많았으며, 그것으로 내국 고용인에게 풀어주었는데 돈이 너무 녹이 슬고 헐었는데 그것은 수십 년간을 쌓아두었기 때문이라고 한다.

남원. 구례에 있는 일본군은 단지 수백 명으로 바꾸어 왕래하며 저장한 양곡을 보살펴 볼 뿐이었는데 다른 곳도 그랬다. 대병력이 장차 이를 것이라 성언하여 고종은 연군에 칙지하여 길을 닦으라고 하였으나 얼마 안 되어 달포 간 아무 말이 없더니 양곡을 부시하던 군인들도 차차 돌아갔다. 그것은 수비하는데 의심을 품고 대중을 현혹시키려 거짓말을 하였던 것이다.

갑진년(광무8년) 2

　　일본인이 이용익을 잡아서 자기나라로 송치하였다. 이용익은 러시아와 일본의 전쟁이 발발한 것을 보고 시국이 갑자기 변하여 비화를 입을까 두려워 20여 일간을 몰래 숨어 있었다. 따라서 사람들은 그가 도망하였다고 하여 공격하는 사람들이 위기(사태가 엉클어짐)하였다. 윤웅열은 재소하여 복주를 청했다.

　일본은 이용익이 본래 아당이기 때문에 양자의 가운데 서서 경유할까 염려해 그를 체포해 일본으로 보냈던 것이다. 이근명은 처음에 그가 일본인에게 죽음을 다했다고 인정하고 복주를 청함에 힘을 다했던 것이다. 일본인을 겁주었다는 소문을 듣고 또한 그의 망발에 대한 죄과를 인책했는데 사람들이 비웃었다.

【梅泉野綠】

갑진년(광무8년) 3

우리나라 정부는 일본공사 임권조와 함께 '한 일의정서'를 정립했다. 간략한 내용은 다음과 같다.

제1조 조선과 일본의 두 제국은 항구적으로 변함없는 친 교를 유지하며, 동양의 평화를 확립하고자 이후부터 한국 정부는 마땅히 일본정부를 확신하고자 모든 정치상의 개혁 에 관하여 충고하는 바가 있으면 모두 듣고 쫓아야 한 다.(제2조 생략)

제3조 한국의 독립 및 그 영토보존에 대해서 일본정부는 확실한 보장을 한다.

제4조 한국이 만약 제3국으로부터 침해를 받거나 혹은 내란이 일어날 것 같으면 일본정부는 가히 임기 필요한 조 치를 집행할 수 있도록 하며, 한국정부는 일본정부의 행동 에 대해서 완전히 편의행사의 권한을 하락하며, 일본정부 는 이 항목의 목적을 달성하고자 모든 군략상 필요한 지점 은 모두 임기수용 할 수 있도록 한다.

갑진년(광무8년) 4

　　외국으로 입적하는 자를 금지시켰다. 갑신정변 이후 역도들이 포위망을 뚫고 해외로 도망하여 각자 소재지에 입적하였다가 기회를 엿본 뒤 본국으로 돌아오곤 했다.

　귀국한 이들은 외국인의 세력을 빙자하여 국왕을 능모하며 조신들을 핍제하였다. 서재필은 고종에게 신하라 칭하지 않았지만 대신들은 그에게 한 마디도 못했다.

　이처럼 불량한 무리들이 본국에서 외국인으로 입적한 자가 헤아릴 수 없이 많았다. 이들에게 간섭하면 팔짱을 끼고 대꾸하기를 "나는 외국인이지 조선 사람이 아니다"라고 했다. 이용익 역시 러시아에 입적하였다.

갑진년(광무8년) 5

　경운궁에 큰 화재가 발생했다. 8~9년의 토목공
사가 모두 불에 탔고, 여러 왕대의 보옥과 함께 공사의 문
적이 동시에 소실되었으며, 오직 남아있는 것은 정부와 궁
내부와 원수부뿐이었다.

　고종은 윤용선을 중건제조로 삼고는 이 건물을 중건하려
고 내탕금 2백만 원을 내어 공사를 진행하려고 했다. 그러
다 영국공사와 일본공사가 춘궁기라 재정이 딸리기 때문에
마땅히 진행하지 말아야 한다고 주장했다.

　이에 따라 고종은 명은 거두고 즉조당만 건축하기로 했으
며, 나머지 전각들은 추수기를 기다렸다가 짓기로 했다.

갑진년(광무8년) 6

　　주 러시아공사 이범진을 소환했지만 그는 조칙을 받아들이지 않았다. 당초 이범진은 러시아의 원조를 끌어들여 을미정국을 바꿔 놓았지만 언제 변할지 모르는 상황에 두려움을 느껴 항상 외국공사로 나갈 것을 원하고 있었다.

　　그래서 그는 미국공사에서 러시아공사로 부임하면서 온가족과 함께 10년이 되어도 귀국하지 않았다. 고종은 괘씸하게 생각했지만 오래되었다고 어떻게 할 방법이 없었다. 그의 아들 기종이 고종을 알현하자 도리어 직위를 높여주고 사랑했다.

　　이에 고종의 뜻을 헤아려 깨달은 이범진은 벙어리가 되고 장님이 되었다고 핑계하면서 전보로 상주하여 대임을 청했던 것이다. 사실 그가 이런 행동을 취한 것은 이범진이 아당이라 소환시켜 처벌하려고 했다.

　　이범진이 전보로 상주하되 러시아인은 군사 6백만 명을 발동시켜 요동을 구한다고 하였으며, 그 시기는 6월경이 될 것이라고 하였다. 그래서 일본을 분노하게 만들고 백성들 움직이게 하기를 바랐던 것이다. 그러나 이범진은 고상(방황함) 자약하였다.

갑진년(광무8년) 7

　　진황지 허차 계약서를 요약하면 첫째 한국내부
에 소속한 토지와 관청에서 관할하는 토지면서 개간되지
않은 것은 모두 장삼등길에게 돌려 자본을 모아 개간에 종
사하도록 한다. 둘째 장삼등길이 개간한 토지는 개량할 이
후에 곡식을 심고 목축과 어렵 등의 이익이 되는 사업은 모
두 장삼등길에게 처리하도록 하며 아울러 그에게 완전한
사용권이 있다. 셋째 기간 후 5년은 조세가 없고 5년 이후
는 사업을 경영하여 이득이 있을 경우엔 현재 개간된 토지
는 한국정부에 동률의 세금을 바친다.

　단, 천재. 시변. 수한 같은 것을 만나 수확이 부족하면 그
조세를 감해주던가 혹은 면제해야 한다. 넷째 본 계약은 각
부분을 경영하는 것으로 말미암아 경영이 아닌 이미 완성
된 후고 기산하여 50년을 만기로 삼고 만기 후에는 서로
상의하여 다시 속약할 수 있다.

갑진년(광무8년) 8

　　서북인으로 재주와 덕망이 있는 자를 뽑아 본
도의 군수로 임명하여 보내라고 명했다. 러시아와 일본이
싸워 러시아가 비록 여러 차례 패했지만 패한 자는 계속 패
해서 갈수록 수가 많아져 두만강일대는 피해를 입어 천리
에 밥 짓는 연기가 그쳤다.

　군수는 도망가고 새로 임명된 자를 믿지 못해 아전과 백
성들은 뿔뿔이 흩어져 도망하여 피난하였다. 이것은 몽고
와 거란족 침입이후 일찍이 볼 수 없었던 일이다. 따라서
정부는 고종께 이 사실을 알려 이런 명령이 내려지게 된 것
인데 길이 막혀서 서로 소식을 들을 수가 없었다.

　이때 조야가 말하기를 일본인은 그래도 사람이라 할 수
있다. 하지만 러시아인은 짐승과 같아서 일본을 이겨 남으
로 내려올 것 같으면 우리민족은 멸망할 것이라고 생각한
다. 따라서 모든 사람들이 일본이 이기고 러시아가 패망하
기를 빌었다.

　그런 까닭에 일본인들에 일부러 가서 러시아가 패망하는
노고를 사양하지 않았다. 그러나 일본인들이 나쁜 마음을
숨기고 오로지 싸워서 이기고 볼 것이라는데 그들의 생각
이 있음을 알지 못한 것이다.

갑진년(광무8년) 9

경무사 신태휴는 유녀들을 모아 구역을 달리해서 살아가도록 하였다. 구제도는 외국 남녀와 교간하는 자는 죽였겠지만 개항 후로는 금지하였던 것이 조금씩 풀려 동서양이 엇비슷하게 처하자 지금은 도저히 막을 수가 없게 되었다.

이윤용은 서양여자를 첩으로 삼았고 송병준은 일본여자를 첩으로 삼았다. 왕왕 외국여자들을 축첩하지 못한 것이 못났다고 생각되었는데 경향각지의 유녀들은 일본여자 행세를 하다 금방 서양여자 행세를 하는 등 양쪽을 비호하며 내방객을 기다렸는데 보는 사람들이 낯을 가렸다.

신태휴는 이것을 미워하여 일부러 유녀들을 몰아서 한 곳에서 살게 하고 일반 국민들과 함께 섞여서 살지 못하도록 하였다. 그리고 내국인들이 출입하는 곳의 문에 상화가라 붙이고 매음하는 자는 매음가라 붙이게 하였지만 결국 개혁하지 못했다.

인천항에 도화동이 있는데 한마을이 모두 매음가였는데 방탕한 외국인들은 금을 휴대하고 대문을 찾아오는 바람에 장사꾼들이 물건을 사라며 떠드는 것 같았다고 한다.

갑진년(광무8년) 10

    북간도 관리 이범윤을 소환했다. 이범윤은 우리 유리민들을 소집하여 호구를 편성하고 갑령을 반포하여 청비들의 침입을 방어했다. 이곳에서 여러 번 참획한 일이 있고 포로로 잡혀간 남녀를 쇄환했으면 변방이 점점 다스려지는 실마리가 보였다.

  그러나 청국인들이 불편하게 생각한 나머지 주한공사 허태신에게 압력을 넣어 우리정부를 힐책하여 화의를 파괴시킨다하고 소환할 것을 요청해서 이뤄진 것이다.

갑진년(광무8년) 11

6월, 서울 사람들이 보안회를 설립하고 윤시병을 회장에 추대하였다. 정기조 등이 통문을 보낸 이후로부터 재신 이건하. 박기양 등이 앞 다투어 상소를 올렸으며 전의관 윤병. 전주사 이기 등은 소청을 설치하고 회의소를 건설하자 경향각지에서 몰려든 사람이 무려 수만 명이나 되었다.

신기선을 추대하여 회장을 삼았는데 고사하였고 이유인으로 대체했지만 그 역시 사양해 마지막으로 윤시병을 주재했다.

그것은 윤시병 등의 뜻이 아니었다. 윤시병과 윤길병은 갑오년에 동학에 입교하였고 기해년에 독립회에 들어간 후 기회를 노리다가 이것을 빌미로 뛰어나오게 되었다. 일본인은 보안회위원 송수만. 송인섭을 잡아 가두었다.

갑진년(광무8년) 12

　　동학당의 손병희는 외국유학생을 자칭하고 신문사에 투서하면서 보조금 1백원을 보냈다. 계속하여 박남수라는 자는 손병희 문인이라 칭하고 또한 투서하였는데 그 안에 정부를 올리는 글이 들어 있었다.

　글에는 오조를 늘어놓았는데 내용은 국회를 설치하고 종료를 주관하고 재정을 다스리며 정치를 개혁하고 외국유학에 힘쓰도록 하라는 것이었다. 또한 최제우 문하에 수업을 받은 자가 거의 20년이나 된다고 칭하였고 용기를 내어 바다를 건너 10년간을 떠돌아 다녔으며, 현재 그를 호응하는 동지가 육백만 명에 이른다고 하는데 그의 학은 '수심 정기경친애인'이며 그의 도는 '효제충신보국안민'이다.

　서도는 서양에서 나왔으므로 '서학'이라 하고, 이도는 동방에서 나온 까닭에 '동학'이라고 하였다. 신문사에 있던 사람들은 크게 놀라서 투서와 보조금을 돌려주려고 했지만 박남수는 이미 달아났다.

　손병희는 청주의 아전 출신으로 갑오년에 동학의 우두머리가 되어 일본으로 도망하여 이상헌으로 이름을 고쳐 10년을 칩거하다가 이에 이르러 본국이 더욱 어지러워지고, 윤시병 등이 정론에 참여하는 것을 알고 가히 뜻을 얻었다고 생각해 방자하게 글을 붙인 것인데 박남수와 서로 호응한 것이었다.

갑진년(광무8년) 13

경사 신태휴가 무축의 금지를 더욱더 엄하게 하였는데 민가에게 행해지고 있는 관제상을 거두어 북묘로 옮긴 것이 3천 본이나 되었다. 또 한 향거. 청룡도의 부치도 옮겼다가 불살라 버린 것이 수백 본이었다.

술객(풍수. 복서. 점술에 능통한사람) 정환덕 조세환 등도 도망하여 향리로 돌아갔으며, 무당으로 대궐에 출입하다가 수감되는 사람이 줄을 이었다. 5월 중 일본군은 남산에 대포를 열을 지어 걸어놓았는데 대적을 방어하는 것 같았다. 그런데 매일 밤 궁인들이 무당과 소경을 데리고 산록에서 경을 외우고 분향하는 것을 볼 수 있었는데 이런 소식을 전해 듣고 사람들은 쓴웃음을 지었다.

갑진년(광무8년) 14

　　일본인들이 숭례문에서부터 한강까지 스스로 구역을 점령한 후 군용지라하면서 푯말을 세워서 경계를 정하고 우리나라 사람들의 출입을 막았다. 이 후부터 무엇을 하고자 할 땐 무조건 군용지라며 빼앗아 갔다.

　　일본인들은 보안회를 미워하였다. 처음 보안회를 설립할 때 도민들은 종가에 모였었는데 일본인들은 이들의 해산을 명령했지만 듣지 않아 군대를 파견했다. 일본 군인들은 회소에 난입하여 칼을 휘두르며 협박하면서 회원 이범창 등 4~5명을 체포해 갔다.

　　그러자 대중들은 분노하고 격동되어 정부에 글을 보내 현영운을 참수할 것을 청하였다. 또 이하영이 황무지를 빌려주었는데 화가 숨어있는 것을 살폈지만 어떻게 할 수가 없었다.

　　이에 다행히 민회가 장차 힘을 얻어 천취(조화함)하는 형세를 드러낸다면 국민들 또한 믿을 곳이 있기 때문에 모여들게 될 것이다. 또한 일본에 병력의 위력으로 모든 일을 처리했으며 그래서 백성의 뜻이 떨치게 됨을 싫어하고 천천히 꺾으려고 하였다. 그러므로 오직 그 회를 해산시키려고 기도했고 그 우두머리를 경계하였으며 그 힘을 추구하지 않았다.

갑진년(광무8년) 15

8월 김노규를 함경북도 관찰사로 임명했다. 김
노규는 관북사람인데 유학으로 이름이 높아 일찍 곽종석과
함께 조정으로 불러들이려고 했지만 사양하는 바람에 사람
들은 그를 높이 평가했다.

이때 관북지방을 러시아가 점거하자 조정은 관찰사 이윤
재를 아당이라며 파직시키고 구장 정기택을 임명했지만 길
이 막히는 바람에 부임하지 못했다.

조정은 궁여지책으로 그 지방에서 가장 명망 있는 사람인
김노규를 대신 임명했지만 그 명령은 통하지 못했다. 그 까
닭은 김노규가 이미 죽었다고 전하기도 하였다.

러시아인은 이윤재가 가는 것을 듣지 않았고 조정은 진위
대장 심굉택 등으로 조도(정도에 알맞게 처리함)케 하였지
만 방어하지 못했으며 러시아는 도리어 그들을 이용하였
다.

군수로 임명되어 그 곳으로 부임하는 자는 러시아군에 구
금되거나 쫓겨났으며 일본군에게 포획되어 그의 익직(직무
를 감당하지 못함)을 트집 잡아 원산관에 가두었다.

갑진년(광무8년) 16

　　일진회를 창설함에 윤시병 등은 조정의 파국이 장차 바뀐다고 하면서 관인들 역시 모두 일진회에서 가려서 뽑았다. 위로는 정부에 벼슬하는 자와 밑으로는 관찰사나 군사를 비롯해 향장과 이장도 회민이 아니면 차지할 수가 없었다.

　이에 우민들은 기뻐서 움직이며 전택을 앞 다투어 팔아 회금으로 바쳤으며, 멀리 떨어진 벽촌이나 물가에서도 뒤처질까봐 두려워하여 매달 경회에 바쳐지는 금액이 모두 백만금이나 되었다.

　그렇지만 회비를 바친 사람들은 얼마 안 되어 가산이 파산되거나 자금은 고갈되었으며, 관직 또한 이뤄지지 않아 뉘우치고 머리를 기르는 사람이 심히 많았으며, 신문을 통해 서로 욕을 하기도 하였다.

광복군

제 **5** 권

매천야록

을사년(광무 9년)

을사년(광무9년) 1

　　을사 광무 9년 봄 정월, 최익현을 경기 관찰사에 임명했지만 그는 상소하여 사양하며 "비록 공적을 남긴 것은 없지만 어찌 하나의 관찰사직을 바라고 왔겠습니까? 신하가 죄가 있으면 찬축(죄인을 먼 곳으로 귀양 보냄)하시든가 아니면 죽음을 주시는 것이 옳은데 권유하면서 가게 한다는 말은 듣지 못했습니다."라고 말하고 난망의 형태를 역진하고 저자에 오적을 책형(몸뚱이를 찢어 죽이는 형벌)할 것을 청하였다.

을사년(광무9년) 2

고 구성군 이준(세조 때의 공신. 세종의 넷째 아들 임영대군의 아들. 문무를 겸비하여 세조의 총애를 받았다. 18세로 ㄷ총사가 되어 이시애의 난을 평정하고 병조판서가 되었다가 영의정에 임명되었지만 시의자의 반대로 파직되었다. 성종 25년에 영해로 귀양을 갔다가 10년 후 배소에서 죽었다. 숙종 때 억울함이 풀려 복권되었다)을 총무, 고 상신 김병국을 충문. 고 유신 이항로를 문경으로 각각 시호를 내리고, 흥인군 이최응은 문충으로 시호를 고쳤다. 최익현은 서울을 떠나지 않고 논사를 그치지 않았는데 고종은 이것을 몹시 싫어했다.

이항로는 최익현의 스승이었기 때문에 이항로에게 포상하여 시호를 내리고 그 아들 영조에게 참봉벼슬을 주어 그의 뜻을 맞추어 보내기를 바랐던 것이다.

그러나 최익현은 분명히 갈 뜻이 없었고 살아와서 죽어서 돌아가기를 기약하였다. 지난해부터 기정진. 임헌회 및 이항로 등에게 시호를 내리자는 의논이 있었지만 이문제로 인해 이항로에게만 시호를 내린 것이다.

을사년(광무9년) 3

일본에게 각 항구를 전질로 해서 1천만 원을 차
관으로 들여왔다. 정병원. 윤돈구. 이학재 등은 국가의 재
정이 비록 딸린다고 하지만 외국에서 차관을 들여오는 것
은 옳지 않다하면서 중외에 통고했다. 그런 후 국민에게 의
연금을 내도록 명하여 말하되 "자원하여 국민들은 부담해
야한다."고 했으니 일본인은 그들을 잡아다가 10일을 감금
하고 통문을 환수하였다.

이때 소문은 일본도 재정이 고갈되어 미채를 대여하여 우
리에게 대출해 주었다는 것인데, 차여한 것은 이자가 싸고
대여한 것은 이자가 비쌌다고 했다.

따라서 일본인들은 우리 땅덩이를 빼앗으려하는데 어려
움도 사양하지 않았으며, 정부를 위협하여 차관을 억지로
행하도록 하고 속히 상환하지 못하도록 하였다.

차관은 공예. 농학. 학습의 소요비용으로 자금을 사용할
것을 선언하였다. 그러나 그 돈은 서울과 인천항의 수도설
치비용으로 쓰였으며 민영기 등이 부정 축제한 것이 수십
만 원이었다고 한다.

을사년(광무9년) 4

　　최익현은 포천에서 샛길로 서울에 들어와서 또
진소하려하자 일본인은 그것을 알아차리고 그가 머무르는
여관을 수색했다.

　그러자 새문 밖에는 서강에 이르기까지의 모든 여관들이
시끄러웠고 마침내 최익현을 체포해 화차에 강제로 태워서
정신전리로 돌려보냈다.

　대체적으로 최익현의 포천에서 정산으로 옮겨 살아온 지
벌써 여러 해가 지났다. 그렇지만 비록 두 번째 일본인에게
축출 당했지만 그들은 그에게 몹시 경탄(공영하고 꺼림)했
다.

　신문에서는 최익현을 품제(인물의 가치를 비평하는 것)하
여 '충장우직(충성스럽고 어리석고 고지식한 것)' '충직감
언(충성과 정직으로 말하는 것)' '경불외사(목을 찔러 죽음
을 겁내지 않는 것)' 라는 제목으로 연재하였으며, 그의 가
세 (대대로 내려오는 생업) 사우연원(스승과 교우의 근원)
평생언행, 출처, 대정(나라의 큰 사건) 등을 채집하여 한 편
의 책자를 만들어 『최익현 약사』라 하였는데 많은 사람들
이 돌려가며 읽었다.

을사년(광무9년) 5

4월에 정주 군수 이교영이 내부에서 보고하여 말하기를 "본군에 어비가 있는데 태조가 북원을 방어하실 때 머무르시던 자초지종과 선조께서 임진왜란을 당하셨을 때 회란 (임금이 돌아오는 길)하시던 일들이 적혀있는데 비문 중에 왜적이 침범했다는 문구가 들어있어 지나다니는 일본군들이 '왜적'의 글자를 쪼아냈다."고 하였다.

일본인은 서울의 거류지 '동'을 '정'으로 고쳐서 불렀다. 이현을 본정으로, 남산동. 회동. 주동 들을 합해 남산정 또는 수정으로, 명동을 명치정으로, 죽동을 영락정이라고 하였다, 또 각오에 멍하니 민간인이 소유한 마필을 조사해 보내라고 하고 '토산마필통계표'라는 책을 만들었다.

을사년(광무9년) 6

21일 경신 밤에 일본인이 대궐을 침입하여 강제로 신조약을 성립시키고 참정해신 한규설을 면칙시켜 보냈다.

이등박문이 도착하자 서울 장안이 흉흉하여 변고가 있을 것을 의심하고 내부대신 이지용, 외부대신 백제순, 군부대신 이근택, 학부대신 이완용, 농부대신 권중현 등은 암암리에 관망하며 막으라 하였고 옥은 몰래 서로 주무하였다.

장안 사람들이 목도하니 이날 밤에 구완희. 박용화 등은 일본군을 이끌고 궁궐담장을 포위하고 대포를 매설했다. 이등박문과 임권조. 장곡천호도 등이 바로 어전에 들어가 5개조의 신약을 내놓고 고종께 서명. 날인을 청했으나 고종은 듣지 않았다. 구완희가 꾀어 말하기를 "이렇게 벽력같이 날인하라 하니 주상께서 떨면서 능히 결정하지 못하시지 않는가?"라고 하였다. 그때 이지용 등이 입시하였는데 한규설은 분개하여 말하기를 "나라가 가히 망할지언정 이 조약은 가히 허락할 수 없다."고 하자 이등박문은 여러 수단을 부려 위협하고 권유했다, 고종은 "이것은 외부의 소관이니 가히 대신에게 물으라."로 했다.

그러자 박제순은 주사를 불러 외부 인장을 가져오게 하고 도장이 도락하자 날인하였다. 고종은 끝내 날인하지 않았으며 한규설 또한 날인하지 않았다. 날인한 자는 오직 외부대신 이하 각부 대신들뿐이었으며, 한규설은 신약조인이 끝난 것을 보고 바로 분규하자, 이등박문은 교제(임금의 명이라고 거짓 꾸며댐)하여 3년의 유형을 내렸다.

따라서 서울 장안은 초상난 기분이었고 방방곡곡에서 백 명씩 천 명씩 집단을 지어 나라가 이미 망했으니 우리들은 어떻게 살아갈 것이냐고 외쳤다. 또 술을 마시고 취하여 비통하게 울부짖었고 등을 구부리고 죄진 사람의 얼굴 같았다.

밥 짓는 연기를 내지 않았고 정경이 참담하여 난리를 갖추었다. 그런데 마주앉아 저주해도 마침내 능히 금하지 못하였으며 이러한 상황이 한 달이나 계속되었다. 이지용은 나오면서 다른 사람에게 말하기를 "내가 오늘 지천 최명길 (병자호란 때 화의를 주장)이 되기를 기다린다고 하며 국기 일을 우리가 안 하면 누가 하겠느냐?"고 하였다.

을사년(광무9년) 7

　　이근택의 아들은 한규설의 사위로 그 딸이 시
집갈 때 비녀 한사람을 데리고 갔는데 속칭 교전비라고 한
다. 이에 이근택이 대궐에서 돌아오며 숨이 차서 땀을 흘리
며 부인을 대했다. 늑약을 맺은 일을 말하며 "내 다행히 죽
음을 면했다."고 하자 비녀가 부엌에서 부엌칼을 들고 소
리쳐 나오면서 "이근택! 네놈이 대신으로서 국은이 어떤
것인데 나라가 위태함을 알고도 능히 죽지 않고 다행히 목
숨은 건졌다고 하느냐. 너는 참으로 개와 돼지만도 못하구
나. 내 비록 천인이지만 어찌 개가 돼지의 종이 되겠는가?
내 힘이 약해 너를 만 토막으로 참하지 못하는 것이 한스럽
다. 차라리 옛 주인에게 돌아가겠다."라며 한규설 집으로
도망쳐 왔다. 비녀의 이름은 잘 기억나지 않는다.

을사년(광무9년) 8

　　전 참판 홍만식이 을사보호조약의 체결소식을
듣고 울분을 참지 못해 자결했다. 홍만식은 앙시 여주 방사
(황제)에서 살았다. 그는 객과 함께 장기를 두고 있던 중 늑
약의 보고를 받았지만 얼굴색 하나 변하지 않고 장기를 끝
까지 두었다.

　장기가 끝난 후 서둘지 않고 천천히 자제를 불러 향합을
가져오게 한 뒤 객에게 "나에게 일이 있으니 자제는 그만
가게."라며 객을 물리쳤다.

　그는 곧바로 의관을 단정하게 갖추고 집 뒤로 올라가 부
친묘소에 고하고 돌아와 가족묘에 알현하고 약을 가져오게
했다. 약을 손에 쥐고 마시려고 하자 그의 아들 표가 울면
서 참으라고 하자 홍만식은 꾸짖어 물리치면서 "정리는 진
실 된 당연한 것이다. 그러나 국세가 이지경이 되었는데 죽
지 않으면 어떻게 하란 말이냐? 갑오년에 우리 집에 신원
(억울하게 뒤집어 쓴 죄를 씻음)되었으니 이것이 곧 망국의
징조다. 법강이하 같으니 어쩌 오늘의 변이 없겠는가? 죽
은 후에 백관을 쓰고 처사로써 제를 부치 선릉(조상의 묘)
에 장사지내지 말며 너 또한 죽을 때까지 폐하고 내 뜻을
어기지 말라."고하자 아들 표가 또한 정하기를 "상소 한번
이라도 하시어 혹 개오(지혜를 열어 불도를 깨달음)하시기
바라시고 듣지 않으실 것 같으면 그 때 돌아가셔도 늦지 않

습니다."라고 했다.

그러자 홍만식은 탄식하면서 "지금의 일을 알 수 있기에 충언도 무익할 것이다. 말이 많아봤자 무슨 소용이 있겠느냐?"하고 독약을 마시고 목숨을 끊었다.

홍만식은 홍순목의 아들이었지만 백부 홍순경의 양자로 들어갔는데 홍영식과는 종부형제가 된다. 그러나 홍영식의 역주를 몹시 수치스럽게 생각하고 전후 수십 년 마의(삼베 옷)·고천(짚방석을 깔음)으로써 죄폐를 자처하다가 을사보호조약체결로 자결함이 이와 같으니 사람들은 그를 더욱 어진사람이라며 안타까워했다.

을사년(광무9년) 9

　　민충정공이 자결하기 전 각국 궁사에게 고하길
"나 민영환은 나라를 위해 잘하지 못해서 국세와 민계가
여기까지 이르렀는데, 한번 죽음으로써 황은을 갚고 2천만
동포에게 사죄하노라. 죽는 자는 죽음으로 그칠 수 있지만
이제 우리 2천만 인민이 장차 생존 경쟁하는 가운데 진멸
할 것이니, 귀 공사들은 어찌 일본의 행위를 살피지 아니하
는가? 귀공사 각하께서 다행히 천하의 공의가 중하니 돌아
가 귀정부와 인민에게 보고하여 우리인민의 자유와 독립을
도와준다면 죽어도 마땅히 웃으며, 죽어진 후에도 기꺼이
감사하겠다. 슬프다! 각하들께서는 우리대한을 경시하고
우리 인민의 혈심을 오해하지 말기를 바란다."라고 하였
다. 또한 남겨놓은 상소문이 있었지만 찾지 못하여 기록하
지 못한다.

을사년(광무9년) 10

특진관 조병세가 독약을 마시고 자결했다. 일본인이 조병세를 구금하여 밤을 보내고 석방하였다. 조병세는 민영환이 자결하였다는 소식을 듣고

"내가 죽겠다."

고 하자 옆에 있던 객이 말리며

"헛되이 죽는 것은 이득이 없으니 조금 기다리시라."

라고 하였다.

조병세는 "내가 죽지 않으면 죽는 날에 어찌 민영환을 볼 것인가?"라면서 소매에서 아편을 꺼내 삼켰다. 이용직은 그의 사위로 당시 곁에 있다가 곧바로 집으로 돌아갔지만 잠시 후에 사망했다.

일본인은 그 소식을 듣고 의사를 대동하여 진단하려고 했지만 이용직이 크게 꾸짖으며 말하길

"우리는 한국의 대신이다. 나라를 위해서 스스로 목숨을 끊었는데 어찌해서 너희들이 참견하려고 하느냐? 더구나 죽은 뒤에까지 모욕을 주려고 하느냐?"

라고 하자 일본인들은 놀라서 물러갔다.

조병세가 죽음에 임박해서 유소가 있고 아울러 각국 공사관에 투서했는데 "조병세는 일본사신이 겁약한 일에 대해서 각 공사각하에게 지조(알려주기 위하여 조회함)하였지만 마침내 1차의 회판도 얻지 못해 걱정하며, 분해서 주먹

을 쥐고 죽음으로써 나라에 보답합니다. 엎드려 바라건대 공사 여러분은 인방의 우의를 생각하고 약소함을 병세는 죽어도 마땅히 결초 하겠소. 정신이 현기증을 일으켜 할 말을 다하지 못하오."라고 되어있다.

제 **6** 권

매천
야록

을사년(광무 9년)

을사년(광무10년) 1

　21일 민영환을 용인 땅에 장사지냈다. 고종께서 친히 계단을 내려가서 떠나보내면서 경례를 표시하였고, 각 국 영사들은 모두 참석해 조의를 표하면서 관을 어루만지며 슬퍼 울었다.

　위로는 진신으로부터 아래로 방곡조례. 부녀. 걸인. 각 사원의 승도에 이르기까지 거리로 뛰쳐나와서 눈물을 흘렸는데 곡성이 장안을 진동시켰다. 전동에서 한강에 이르기까지 겹겹이 싸여 배진을 친 것 같았으며, 영구를 보내는 관경은 옛날부터 지금까지 없었을 만큼 성황을 이루었다.

　향변 한모라고 하는 사람은 민영휘를 장지에서 보고 "자네 또한 호상하러 왔는가? 자네는 성이 민가가 아닌가? 어느 민가는 서거했는데 자네 민(민영휘)은 죽지 않았는가? 자네는 나라를 망쳐 금일에 이르게 했다. 한 번 죽어도 속죄할 수 없는데 민충정공의 영구를 따라 이르렀으니 청천백일에 홀로 두렵지 않은가? 빨리 사라지시오. 사라지지 않는다면 나의 날카로운 군화에 채여 죽을 것이다."고하자 민영휘는 말도 못하고 힘없이 나왔는데 들은 사람들은 통쾌했다고 하였다.

천도교 괴수 손병희가 이론에서 돌아왔다. 손병희는 모든 망명객과 체결하고 본국의 간신배와 내통하고 일진회를 설치하였으며, 이에 일본을 끼고 환국했던 것이다.

일진회원들이 환영하는 자가 수만 명이나 되었다. 이에 교당을 세우고 연설하여 민중을 끌어들였고 동학을 개칭하여 천도교라 하였으며 '신천주조화정영세불망만사지'의 열세 글자를 한 자마다 뜻을 해석해서 신문에 반포하였다. 윤시병과 순병준 등은 손병희를 받들어 종추로 삼았다.

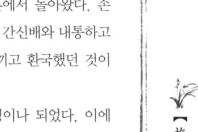

을사년(광무10년) 3

기산도가 이근택을 죽일 것을 도모하였지만 실패했다. 기산도는 기우만의 족자(형제의 아들, 조카)되는 사람으로 약관에 삭발하고 사관학도가 되어 이근택의 집을 출입했다.

을사보호보약에 그의 소행을 분하게 여겨 칼로 찔러 죽이려 했는데, 그의 행동거지가 수상해 이근택이 붙잡아 신문하니 대답하기를 "너희 5적을 죽이려는 것이 어찌 나 한사람뿐이겠는가? 나는 단지 너를 죽이려는 것이 서툴러 탄로난 것이 몹시 한스럽다. 나의 목적은 5적을 모두 죽이는 것이었다. 성공하고 실패하는 것은 하늘에 달렸으니 어찌 묻느냐? 너 역적이 오늘 나를 흔쾌히 죽이겠구나!"라고 하였다.

사건이 남원에 사는 노영현에게까지 이어져 모두 일본군 사령부에 구속되었다. 기우만은 도내에 통문을 띄워 5적을 토멸하려고 청하더니 행방을 감추었다.

제 **6** 권

매천 야록

병오년(광무 10년)

병오년(광무10년) 1

　1월, 이근택이 첩 집에서 자기가 자객을 만나 십여 군데가 찔렸지만 죽지 않았다. 대청휘에 인조수염을 떨어뜨리고 갔는데 그는 가게주인들을 끌어다가 인조수염을 사 간사람을 추궁했는데 범인은 이근철이란 사람이었다.

　공칭에서 수염을 걸치고 대청에 올라가기는 했지만 칼로 찌르지는 않았다고 하였다. 이근택은 병원에 입원한 지 수개월 만에 완치되었다.

　이에 5적들은 크게 놀라서 일본군에게 의뢰하여 자신들의 저택을 지키게 하면서 출입을 경계했는데 당시 자객을 칭해둔 적이라 하였다.

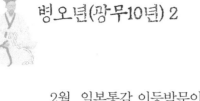

병오년(광무10년) 2

2월, 일본통감 이등박문이 내한한다. 일진회는 '환영' 이런 두 글자를 크게 써서 남대문에 걸어놓았다. 당시 이등박문의 나이가 66세였지만 세차고 건강하기가 소년 같았다.

병오년(광무10년) 3

　홍업은행에서 일본차관 1천만 원을 들여왔는데 이자가 1백 원마다 연이자 6푼5리로 전국 해관을 담보로 10년을 상환기한으로 하였으며 5년 내에 상환하지 못하게 하였다.

　발행가격은 1백 원에 대하여 90원을 받는데, 참정대신 박제순, 탁지부대신 민영기가 그 일을 주재하였다. 지난해에 처음으로 3백만 원, 2차 2백만 원, 3차 1백 5십만 원을 차관으로 들어왔는데 도합 1천6백만 원이었다. 중간에서 착복된 논은 매국 인의 자금이 되었는데 이집트처럼 되는 것도 앞으로 머지 않았다.

병오년(광무10년) 4

　　전 참판 민종식이 의병을 일으켜 홍주로 들어
갔다. 종식은 판서 민영상의 아들로서 국변을 아프게 생각
하여 개인재산을 풀어서 사람을 모집하고 무기를 들었는데
호서지방의 선비와 백성으로 추종되는 사람이 매일 증사했
다.

　남포와 볼령제군을 습격하여 그 병기를 거둬들이고 순찰
하는 일본군을 사로잡아 참수했으며 포병 약간을 배치하고
대포10여 문을 매설하였는데, 지금은 모두 민종식의 소유
가 되었다고 부류별로 나눠 펼쳐서 지켰는데 명성과 위세
가 몹시 높았다

병오년(광무10년) 5

전 판서 최익현이 호남지방에서 의병을 일으켰다. 최익현은 지난 해 겨울 상소를 올린 후 정산에 돌아가서 의병을 일으키려 하였지만, 일본인들이 그의 동태를 살펴 군대를 파견하여 지켰다.

따라서 최익현은 병이 중태라고 하면서 낮에 내실에서 누워 있다가 일본인 간수가 나태해 진 틈을 타서 미복차림으로 집을 빠져나와 태인에서 임병찬과 모임을 가졌다.

임병찬은 군리였는데 을유년(고종 22년)과 병술년(고종 23년)사이에 돈을 바치고 낙안군수가 되었다가 돌아와서 깊은 산중에 움막을 짓고 살았다. 최익현의 충의에 감화되어 평소 왕래한 지 수 년이나 되었다.

나라의 난망이 이미 들어난 것을 보고 재산을 풀어서 다른 홍주 의병이 패하자 인심이 크게 흐트러지면서 발 붙일 곳이 없었다. 호남 상완에 최익현의 문도들이 많았기 때문에 호소할 만 하다고 생각했다.

그는 최익현에게 권하여 태인으로 나아가 의병을 모집했는데, 이에 최익현도 쫓았다. 13일 최익현은 무성서원에 들어가 여러 사람에게 서약했는데 따라온 유학생 80여명이었다.

그는 사람들이 모이기 하루 전에 상소를 올려 의병을 일으킨 정황은 아뢰었는데 "신은 사사로이 옛사람들을 살펴

보니 나라가 망하는 날을 다함에 몸을 감춘 사람도 있었으니 중국고대 은왕조의 미자(중국 은대에 충신으로 기자 외 비간과 함께 은의 삼임이라고 함)가 그러하며, 죽은 사람도 있으니 명나라의 범경문(중국 명나라 오교사람) 등이 그러한 사람이며 적을 토벌하다 완수하지 못하고 죽은 사람도 있으니 한나라의 적의(중국 전한 말에 왕망이 신을 세우고 황제에 오르자, 한나라 황실의 재기를 도모하려다가 성공하지 못하고 죽음)와 송나라의 문천상(중국송말의 충신으로 원나라가 침입하여 수도 임안이 함락되자 단종을 받들어 근왕군을 일으켜 원군에 대항했지만 사로잡혀 처형되었음)이 그러합니다. 신은 불행히 오늘의 변을 보고 이미 숨 쉬어 있을 곳이 없으며, 오직 대궐에 들어가서 진소(상소)하고 폐하의 앞에서 스스로 목숨을 끊는 것입니다. 그러나 폐하께서 능히 하실 수 없음을 잘 알고 있기에 빈말로 번거롭게 소란을 피우는 것보다, 글을 갖춰 돌리는 것이 좋을 듯싶습니다. 또한 인심이 아직도 국가를 잊지 않는 것을 보면 스스로 구독(전답사이에 있는 도랑)을 경영하며, 또한 경정(임의대로 함)을 가까이에 숨어서 참고 살다가 나왔습니다. 이제 시끄럽게 구는 자를 신이 진실로 구휼할 틈을 주지 않겠습니다."

병오년(광무10년) 6

20일 순차의병이 붕괴되고 최익현은 체포되어 서울로 압송되었다. 그는 정읍 태안으로 들어가면서 병을 모집하여 2군대의 군대와 병기를 입수하고 세전을 끌어다가 지출하였다.

의병들은 곡성으로부터 순창으로 들어갔다. 이때 군수 이건용이 일본군을 불러서 대응하려는 정보로 듣고 그를 참수하려고 했지만 실패하였다. 19일 연청에서 묵고 있을 때 황혼이 질 무렵, 전주와 남원의 지방대가 이곳을 에워싸고 포위망을 좁혀오면서 총알을 비 오듯 퍼부었다.

그러자 휘하의 수백 명이 잠깐사이에 흩어져 없어졌으며 서기 정시해는 총을 맞고 사망했다. 조직 임병찬. 고석진. 김기술. 문달환. 양재해. 나기덕. 이용길. 임현주. 최제학. 조영선. 조우식. 유혜용 등은 죽기를 결심하고 서로를 지키다가 아무런 저항도 못하고 결백을 기다렸다.

그때 몹시 가물었는데 갑자기 태풍이 불고 번개가 치면서 비가 몹시 쏟아져서 두 지방대는 모두 군대를 거두었다. 21일 전주대는 최익현과 12명이 북으로 가는 것을 뒤쫓아 사령부에 수금했다. 최익현은 평소 중망이 있었고 충의가 일세에 뛰어났다.

그렇지만 그는 군대를 부리는 용병술이 부족하고 더구나 나이까지 들었는데 일찍이 기모가 있어 승산을 계획했던 것도 아니었다. 더구나 수백 명의 오합지졸은 모두가 규율이 없었고, 유생종군자는 큰 관을 쓰고 의복 또한 간편하지 못하고 넓은 옷소매가 달린 옷을 입었는데 모양새가 장옥(관리를 채용할 때의 시험장)에 나아가는 것 같았다.

또한 총탄이 어떤건지조차 알지를 못했다. 이들을 모았는데 사람들은 틀림없이 이들이 패할 것이라는 것을 알 수가 있었다.

그러나 그들이 패하자 주점의 여자들이 거 들어도 실성해서 탄원치 않는 이가 없고, 백정이나 무당까지 최익현이 타고 가는 교자를 바라보고 절을 하면서 "하느님 최충신을 살려주십시오."라며 했다. 이때 전남 관찰사에서 연락하여 순청을 포위하라고 명령했으며, 전남관찰사 이도재는 광주대에 칙지(임금의 명령)하여 오직 경상에만 주둔하고 격투했다. 이때 싸우는 자가 있으면 비록 이겨도 마땅히 처참하겠다고 했다.

이에 따라 광주병은 총을 쏘지 않는데도 먼저 발포하자 아전 양현규 등은 바로 맞대고 발포를 경계하라고 했다. 상황을 알아차린 남원병 역시 공포를 쏘았지만 맞대고 앉았다. 다만 전주대장은 힘써 병력을 움직여 결국 정지해는 죽음을 면치 못했다.

병오년(광무10년) 7

　　민영환이 죽은 뒤에 그가 자결한 칼과 피 묻은 옷을 영상 뒷마루에 보관하였는데 부인 박씨가 그 옷을 햇볕에 내걸기 위해 끄집어내다가 대순(길게 돋은 싹)이 하의에서 발견되었다.

　그것을 펼쳤는데 네 그루터기에서 아홉 줄기였으며 가늘기가 벼마디 같았고 뿌리가 얽힌 것이 마치 실 같았다. 박씨 부인은 그것을 청판유지에 올려놓자 겨우 대나무 모양이란 것을 알아 볼 수가 있었는데 너무 약해 지탱할 수가 없었다.

　이것이 공개되자 순월(열흘이나 한 달가량)동안 장안 사람들은 이것을 보기 위해 인산인해를 이뤘다. 서양 상인들까지 이곳에 와 술을 올려 곡을 했는데 분위기가 마치 처음 죽은 것 같았다.

　약삭빠른 장안 사람들은 그것을 판에 그려서 팔기도 했고 청국사람들은 시를 지어 읊었으며, 우리나라에 찾아오는 사람들이 권축(두루마리 또는 두루마리의 서화축)을 이뤘다.

병오년(광무10년) 8

　　7월8일 계묘일에 일본인은 최익현을 대마도에 구류하였다. 최익현과 임병찬 등은 사령부에 수금된 지 두 달이 지났는데 벌을 정했는데, 김기술 이하 9명은 태 일백을 때려서 석방하고 고석진과 최제학은 4개월을 더 수감했다. 최익현과 임병찬은 대마도 위수영에 구류하기로 하자 문인, 자제, 진선, 양보(유생)들 30여 명이 통곡하며 실성했다.

　　그러자 최익현은 웃으며 "제군들은 이같이 할 필요가 없다. 죽지 못한 것이 부끄럽다"며 혼연히 수레에 올라타고 갔다. 그때 최익현의 아들 영조와 임병찬의 아들 응철은 부산항까지 동행을 했다. 하지만 일본일이 칼을 휘두르며 그들을 쫓자 영조와 응철은 통곡하며 돌아왔다.

　　지난번 민종식이 패함에 그의 휘하에 있던 이식. 유준근. 최중일. 신현두. 문석환. 신보균 등 아홉 사람이 체포되었다. 일본인들은 역시 대마도 위수영으로 보내 가혹한 학대를 하자 괴로움을 참지 못했다. 그러나 최익현에겐 일본인들조차 존경을 했으며 감금이 누르러지면서 이식 등을 의뢰하게 되었다.

병오년(광무10년) 9

서상규와 구우영은 포의(벼슬이 없는 선비)로서 을사오적을 죽이려고 폭약을 구입해 이근택을 죽이는데 사용하려고 했다. 그렇지만 폭약을 처음 다루는 것이라 실패할까 두려워 북한산에 들어가서 몰래 연습하다가 발각되었다.

또 안동 사람 박양래는 떠돌이 의사로 8도 돌아다니다가 용천 전덕원 집에서 묵던 중 홍주에서 의병이 일어났다는 소식을 듣고 쫓아가려고 했지만 그들의 패보를 들었다. 그러자 전덕원과 의주에 사는 진사 홍재기 등과 강계에서 의병을 모집하였지만 응하는 자가 없었고 일본인에게 발각되어 서상규와 함께 체포되어 수감되었다.

이근택은 5적 중에서도 매우 교활하고 악독했는데 일본군 사령관 장곡천호도와 형제를 맺었고 이등박문에게 의탁해서 의자가 되었다. 그는 머리를 깎고 양복을 입었으며 일본 신발까지 신고 일본수레에 앉아 일본군이 호위하며 출입했다.

어느 날 술에 취한 어떤 사람이 수레를 당기면서 그를 흘려보며 "네가 왜놈이라고 하는 이근택인가? 5적의 괴수로 그 영화와 부귀를 누릴 수 있단 말이냐?"고 하니 이근택은 크게 노하여 주재소에 결박을 지어 보냈다.

체포된 그는 포악한 고문으로 기절했다가 밤이 깊어 소생

하여 말하기를 "이놈들은 틀림없이 나를 죽일 것이다. 나
또한 속 시원하게 욕을 했던 고로 죽어도 통쾌하다. 그러니
더러운 놈들 손에 죽을 바에야 차라리 스스로 죽자!"라면
서 의복을 찢어 목을 매어 자결했다.

【梅泉野錄】

병오년(광무10년) 10

영국인 배설이 서울에 신문사를 설립하여 이름을 매일신보라고 짓고 박은식을 초빙하여 주필로 삼았다. 박은식은 황해도 사람으로 원래부터 경술(경서를 연구하는 학문)을 좋아했다. 그때 영국인은 비록 일본과 동맹을 맺었지만 이들의 횡포가 날로 심해지면서 영국까지도 해치겠다는 말이 있어 자국정부에 인가를 받아 보장(신문)을 발간했다.

그 필설(붓 혀, 글과 말)에 의지하여 숙분을 폈으며, 날카로운 입으로 논평하여 공박하였는데 돌아보고 꺼리는 것이 전혀 없었다. 그러자 일본인은 그것을 근심한 나머지 우체사에게 위촉하여 신문을 시외로 보내지 못하게 하였다.

더구나 그들은 박은식을 미리 구속하여 사령부에 수금했는데 이에 배설은 크게 노하여 말하기를 "천하에서 개명한 나라라고 칭하면서 신문을 금하는가? 너희들이 박은식을 수금했으니 나를 수금한 것이나 마찬가지다. 너희들이 이처럼 나를 곤경에 빠트린다면 나는 마땅히 신문사를 철수하겠다. 그렇지만 나는 우리나라 정부에서 인가를 받았고 자본금 30만원으로 이 신문사를 세웠으며 기한이 30년이다. 30년이란 세월에서 내 신문사를 철거하려면 30만원씩 30년간의 이자를 배상하라"고 하자 일본인은 공손히 사과하며 박은식을 석방했다.

이어서 배설은 "신문사는 매일 2천원을 수금하는데 이틀 간 정각된 4천원은 구가 보상하느냐?"고 따지자 일본인들은 4천원을 배상했다. 배설이 돌아와 4천원을 박은식에게 주면서 "군을 위해 압경(놀란 마음을 진정시키기 위하여 술을 마시는 것)을 해드리겠다"고 하였다.

　이런 와중에 일본의 소행을 매우 괘씸하게 생각했지만 위축되고 무서워서 감히 한 마디의 옳은 소리도 못하였다. 각 신문에서는 의병을 폭도나 비유로 칭했지만 오직 매일신보만이 반항하여 의병이라고 칭했으며, 변론 또는 굴하지 않고 일본의 악독함을 들춰내면서 일거수일투족을 폭로하자 구독자가 늘어나면서 판매수가 7~8천장이나 되었다.

병오년(광무10년) 11

동 10월에 의병장 민종식과 저 참판 이남규가 김가진에게 체포되어 서울로 압송되었다. 민종식은 홍주에서 패한 이수 숨어 있다가 두 번째 거사를 음모하기 위해 이남규 집을 왕래했다.

이때 김가진은 충남관찰사로 있으며 비밀리에 가를 찾아서 결박하여 사령부로 보냈다. 민종식의 부하 김덕진. 박유식. 곽한일. 황영주. 정재호. 이용규 등은 구속되었지만 이남규는 내통한 단서가 없어 석방되었다.

민종식이 오랫동안 갇혀있자 아내 이씨는 비 한명만 함께 걸어서 서울로 올라왔다. 그녀는 밥을 얻어다가 옥에 갇혀 있는 남편을 공개했다. 그렇지만 여러 민씨들은 이것을 보고도 도와주는 사람이 없었으며, 대문에서 부르면 아예 거절했다고 한다.

병오년(광무10년) 12

　　　일진회장 이용구 등이 신약기념연을 베풀었는
데 이날이 바로 을사보호조약을 맺은 지 일 주년이 되는 날
이었다. 회민들은 경회같이 여겼지만 그 외의 사람들은 분
노했던 날이다. 이용구 등은 대소관리들을 초청하였지만
단 한명도 연회에 참석하지 않았으며 오직 관산국장 최상
돈만이 참석했다.

　그때 일본인들은 일진회를 억압하여 회민들은 의지하고
보호받을 곳을 잃어 기상들이 나날로 쇠퇴했다. 이에 따라
지방의 회민들은 점차적으로 형률로서 다스렸지만 평민들
이 일어나 그들을 구타하여 세력이 점점 줄어들었다.

　이용구는 천도교와 합하려 했지만 손병희가 거절을 했다.
그러자 이용구는 일진회를 시천교로 개칭하고 지회장을 교
구장으로 불러 천도교와 서로 혼동되기를 바랐다. 그렇지
만 연결되지 않았다.

　이왕 삭발한 자들은 천주교나 신천료라 칭하여 교와 회가
헌지(높음과 낮은, 우열, 경중)함이 있는 것 같았지만, 대체
적으로 외로워서 돌아갈 곳이 없어 무리를 잃은 도깨비 같
았다고 한다.

【梅泉野祿】

병오년(광무10년) 13

　　진주 기생 산홍이란 여인은 미모와 기예가 모두
특출했다. 이지용이 천금을 가지고 자신의 첩이 되어줄 것
을 청했지만 산홍은 사양하며 "세상 사람들이 대감을 5적
의 우루머리라고 하는데, 첩은 모르겠고 까닭으로 역적의
첩이 되겠소?"라고하자 이지용은 화가 치밀러 올라 그녀를
박살냈다.

병오년(광무10년) 14

 (11월) 17일 경술날에 전판서 최익현이 대마도에서 사망했다. 최익현이 처음 대마도에 도착했을 때 그에게 일본 좁쌀로 지은 죽을 올렸지만 물리치고 먹지 않았다.

 그러자 일본인들은 놀라서 우리정부에 연락해 음식물을 제공받았다. 죽기 얼마 전 임병찬 등이 음식을 먹으라고 강력히 당부했다. 그러나 그는 나이가 많고 위장이 역해서 먹는 것이 점차적으로 감퇴하고 융질(허리가 굽고 등이 높아지는 병)이 겹치면서 10월 16일 자리에 누웠다.

 이에 그는 다시 일어나지 못하고 서쪽을 향해서 머리를 숙여 절을 한 다음 임병찬에게 구두로 유소를 말했다. 그에게 꼭 살아서 돌아가 주상께 전하라는 말과 함께 죽었는데 그의 나이 74세였다. 일본인 또한 그의 충의에 감복하여 줄지어 조의를 표했다.

 21일 그의 영구가 부산에 도착하자 상민들은 파시하고 통곡하되 친척이 죽은 것처럼 슬퍼했다. 남녀노소가 모두 뱃전을 잡고 매달려 울었는데 곡성이 바다를 진동시켰다.

 상인들은 그 회사에 호상소를 마련하고 상여를 꾸몄는데 하루를 머물다가 출발했는데 상여를 따라오며 우는 자가 수 천 수만 명이었다. 산승. 방기. 결인. 등속의 사람들까지 전광을 가지고 와 뒤섞여서 저자를 이루었다. 만나(만장)를 모아 몇 필의 말에 실려왔지만 종일토록 10일 지나지 못했으며, 입으로 부음이 급속히 전해져서 인사들이 모여들었다.

동래에서 출발하던 날에는 상여가 몇 번씩이나 떠나갈 수가 없었다. 그러자 일본인은 사람이 많아서 변이 있을까 두려워하고는 방호를 매우 엄하게 하였지만 그들을 막지 못했다.

상주에 도착하자 일본인은 괴로워하여 고민하다가 상여차 대신에 기차에다가 싣고 순식간에 고향집에 도착했다. 그러나 상주에 오기까지 3백리 길을 10일간이나 소비했다.

향간의 곡성은 온 나라 안에 퍼졌고 사대부에서 길거리에서 뛰고 노는 어린이와 다리는 군졸에 이르기까지 모두 눈물을 흘리면서 서로 조상하되 "최면암(최익현의 호)은 죽었구나!"라고 하였다. 국조 이래 죽어서 슬퍼함이 이같이 성황을 이룬 적은 지금까지 없었다고 한다.

그렇지만 홀로 조정에서만은 은졸(임금이 죽은 공신에게 애도의 뜻을 보이더니 바다 가운데로 떨어졌고 얼마 후에 부음이 전해졌다. 영구가 동래항에 도착하자 갑자기 백주에 처우(처량하게 차가운 비)가 내린 후 쌍무지개가 물가에서 일어났다.

장례를 치룰 때는 큰 비가 쏟아지더니 소상과 대상에 모두 고우(오래도록 내리는 비)가 온종일 쏟아져서 괴이하게 여기며 슬퍼했다.

정미년 2월 (광무11년) 원산지경 마을 뒷산 관도 곁에 장사를 지냈다. 아들 영조와 영학은 병보를 받고 달려갔는데 이미 초상이 발생해관을 사서 염을 하려고 했지만 일본인이 관을 보내왔다. 최영조는 이를 물리치며 받지 않자 일본인은 그에게 겁을 주며 말하기를 "우리가 보낸 관을 사용하지 않는다면 영구를 돌려주지 않겠다."고 하여 그들의 관을 사용했다가 집으로 돌아가 새관으로 바꿨다.

내(현황)가 무신(융희 2년) 9월에 가서 그의 상청에 곡을 하고 조객들의 명부를 보았는데, 촘촘히 적은 것이 4권이었지만 경재로 이름을 아는 사람은 이도재뿐이며 편지로 대신한 사람은 김학진과 이용원 뿐이었다.

이재윤은 현 고종의 중조형제로 벼슬이 승지였는데 최익현의 충직에 감복되어 집시(속수의 예를 닦고 문인이 되는 일)하고 제자가 되었다. 그가 벼슬을 하지 않은 기간이 벌써 10년이 되었는데 최익현이 죽자 후사를 맡아 일을 잘 처리했다.

병오년(광무10년) 15

　형사국 검사 이준에게 벌태 70에 처했다. 동궁
의 혼례를 치른 뒤 대사 때에 이유인 중범으로 수감되어 있
었다. 이때 형사국장 김낙헌은 특사의 특전으로 출입을 조
정하여 이유인을 석방하고 다시 기산도를 가두었다.

　그러자 이준은 그것이 잘못된 것을 알고 김낙헌을 평리원
에 고소하고 재판을 열 것을 청했다. 그렇지만 이하영과 이
윤용 등은 김낙헌이 옳다며 일본병을 파견하여 법원을 포
위하고 방청을 금지시켰다.

　또 공안을 강제로 정하고 이준을 관직에서 파면하고 태 1
백대에 처했다. 하지만 고종은 감등을 특청하여 태 70대에
처했다.

병오년(광무10년) 16

영국의 런던신문에 우리한국의 을사보호조약 일을 게재하였는데 모두 여섯 조문이었다.

1. 1905년 1월17일(양력)일본대사가 박제순과 함께 5조약을 체결할 때 황제는 인허하지 않았고 또한 친압도 하지 않았다.

2. 일본은 이 5조약을 강제로 얽어 멋대로 반포하였는데 황제는 처음부터 반해하였다.

3. 황제는 일찍이 앞으로 독립제권은 조금도 타국에게 양보하지 않는다.

4. 일본이 외교관을 빼앗은 것은 근거가 없으며, 하물며 내치에 있어서는 비록 안건의 일이라도 어찌 가히 인준했겠는가?

5. 황제는 이미 통감의 내주를 허락하지 않았고, 황제권은 비록 털끝하나라도 외국인 마음대로 하는 것을 허락하지 않았다.

6. 황제는 세계 각 대국으로 하여금 함께 한국외교를 보호하게 한다.(이하 일곱 글자는 도장이 찍혀 가려있다) 5년에 한하여 확정한다.

라고 운운하였다.

도장의 글자는 '대한국새' 라고 되어있지만, 그것은 고종이 조약을 맺은 뒤에 한 두 명의 대신에게 밀명을 내려 영국 런던으로 새서를 보내서 그들이 도와줄 것을 바랐던 것이다.

배설이 매일신보에 설이 중외의 혹 그것은 만일을 기대하였다. 명년에 이르러 드디어 헤이그만국평화회의에서 이준열사의 사건이 일어나게 되었다.

제 **6** 권

매천 야록

정미년(광무 11년)

정미년(광무11년) 1

정미 광무 11년(7월 이후는 융희 1년이 되며 청 광서 33년, 일본명치40년)춘정월 대구사람 서상돈과 김광제 등이 단연회를 설치하고 국채보상금을 모금하였다.

수년을 내려오면서 우리나라가 일본에 빚을 쓴 것이 무려 1천3백만 원에 이르렀는데 보상은 기약할 수 없었다. 그래서 사람들은 모든 국토가 장차 전질로 잡히게 된다는 것을 알았지만 꼼짝 못하고 어떤 방책조차도 없었다.

서상돈 등은 깊이 계산하고 여러 번 생각 한 끝에 전제 지구가 2천만 명이니 모두 담배를 끊으려면 일인당 1개월의 담배 값으로 신화폐 20전씩 거두면 3달이면 가히 채무액을 채울 수 있다고 판단하여 이 회를 창설한 것이다.

이 기사가 신문에 4번 실리면서 거국적으로 많게는 만원, 적게는 10전에 이르기까지 많고 적은 것을 구애하지 않았다. 더구나 거두는 사람을 보내는 것을 허락하지 않았고 보장에 게시하였다.

하지만 정부의 큰 벼슬아치나 서울의 사대부 층이나 돈 있는 큰 장사꾼들은 한사람도 호응하지 않았다. 그래서 이 들은 미치광이처럼 절규하고 눈물로 호소했지만 별 소득이 없었다.

천한 신분으로 고용살이 하며 해주에 사는 이재림이 2만 원, 김선준이 1만원이었다. 고종은 이 소식을 듣고 탄식하며 "신민들의 우국지성이 이와 같으니 짐은 무슨 면목으로 있겠는가?"하고 양궁의 어흡권연을 특명으로 정지하자 각 학교 생도들과 각 군인에 이르기 까지 이 구성동으로 "스스로 주상께서 그렇게 하시는데 하물며 우리들 쯤이야!"라며 모두 금연했다.

　일본인은 담배를 끊어서 외채를 상환하려고 한다는 소식을 듣고 이지용은 협박하여 금지시키게 하자는 그는 "우리 국민들이 나를 5적의 괴수로 지고하고 있어 몸 둘 곳이 없

이양선

소. 다른 일은 금방 할 수 있지만 이것만은 어찌할 수가 없소."라고 하였다.

장곡천호도 등 역시 탄식하며 "의거인데 어째서 막을 수 있단 말인가?"라면서 도리어 기부하여 돕기까지 했다. 각국 영사들은 자기 나라에 이런 사실을 전보로 알렸다.

서상돈을 미국여인과 동거할 것을 빙자하여 거 많음을 모았으며, 야소교를 익혀서 미국인과 교제한 까닭에 일본인이 꺼렸지만 회를 만들고 의연금을 모금했다.

사람들이 그것을 믿은 까닭은 미국이 장사 원조가 되면 반드시 모든 일이 잘 될 것이라고 생각하였다. 혹은 말하기를 "우리나라의 여러 가지 조만간 몇 놈이 중앙착복 할 자금이 될 뿐이다."고 하였는데 그 말이 딱 들어맞았다.

세계 각국 공채력은 1백30억 원에 불과하다고 그 말이 딱 들어맞았다. 세계 각국 공채는 그 나라 재력의 10분의 1이 최고 한도액이라고 생각했는데 일본인의 재력은 1 공채가 24만억으로 거의 그 나라 재력을 10분의 2가 되었다. 그러므로 식자들은 일본 또한 반드시 공채로써 망할 것이라고 말했다.

정미년(광무11년) 2

　　전 검사 이준이 헤이그평화회의에서 국변을 호소하고 스스로 칼로 찔러 자결했다. 전에 유럽인들이 만국평화회를 창설하였지만 춘추의상의 모임 같은 것이었다. 5회째라고하고도 하고 혹은 두 번째 모임이라 고도 했다. 모임장소는 기간이 임박해서 정하기 때문에 일정함이 없다. 이때는 네덜란드 헤이그에서 모임을 가졌다.

　　고종은 그 소식을 듣고 비밀리에 이준을 파견했다. 고종은 옥새를 찍은 문빙을 가지고 가게 했으며, 해삼위로 가서 이상설과 함께 러시아를 경유해 헤이그에 도착했던 것이다.

　　이범진의 아들 위종은 그때 나이 21세였으며 7세부터 부친을 따라 구미 각국을 거치면서 서양말을 습득했기에 그를 함께 보냈던 것이다. 헤이그에 도착한 이위종은 을사조약에 대한 잘못된 것을 자초지종을 알렸지만 회의참석자들은 한국인은 외교권이 없다며 들으려고 하지 않았다.

　　이준은 분하고 억울함을 이겨내지 못해 스스로 자기 배를 찔러 뜨거운 피를 움켜쥐고 좌석에다 뿌리며 말하기를 "이같이 해도 족히 믿지 못하겠는가?"라고 하였다. 피가 흘러서 바닥에 떨어지고 몸이 쓰러지자 회의참석자들은 크게 놀라서 서로 돌아보면서 "천하의 열렬한 대장부다"라면서 일본이 모두 나쁘다고 하였다. 그 말은 일본은 우리나라에게 부속되기를 원한다며 여러 나라에 속한 것이다.

　여태까지 유럽인들은 반신반의하다가 이 사건으로 모든 것이 폭로되자 일본은 한마디 변명도 못하고 도리어 이상설 등을 해치려고 했지만 미국사신이 데리고 갔다.

　이준은 종성으로 북관사람이다. 체구가 작고 뚱뚱하며 성격은 강렬하여 항상 술에 취하면 분해서 주먹을 쥐고 말하기를 "죽는다면 어찌 그대로 죽겠습니까?"했는데 헤이그에서 실천에 옮겼다.

　이상철은 그 후로 구미 각국을 떠돌다가 이상설은 본래 재산이 넉넉했지만 수년이 안 되어 모두 없어졌을 때 처와 자식까지 옮겨갔다. 일본정부는 헤이그 밀사사건을 듣고 이상설을 교형에 처한다고 반호하여 알렸다.

정미년(광무11년) 3

　　박영호, 이도재, 남정철이 평리원에 수금되었
다. 그 때 일본 황제가 전보를 보내 신황제의 즉위를 축하
하니 정부에서는 답전에 대하여 논의하게 되었다.

　이완용은 수선의 글자를 쓰려고 하자 박영효가 말하길
"금일은 승명 대리하는 것이지 수선이 아니다."라며 공박
과 힐난을 하더니 갑자기 서로 역적이라며 꾸짖다가 일본
놈 들이 잡아가두었다. 이도재, 남정철도 박영효와 함께 의
견이 같았다.

　환관 이병정이 이완용을 책망하여 말하기를 "대감은 세신
(대대로 섬긴 공로가 있는 신하)으로 벼슬에 오른 지 30년
에 의로 말하면 임금과 신하요, 은혜로 말하면 아버지와 아
들 같은데 오늘의 이 거사는 대감의 성공이란 말인가?"라
고 하자 역시 수금되었다.

정미년(광무11년) 4

　　15일 갑술일에 7조의 신약을 정했다.

　1. 한국정부는 모든 시정개선과 관계되는 것은 모두 통감부의 지도를 받는다.

　2. 한국법령제도는 반드시 통감부의 승인을 거친다.

　3. 한국 사법사무는 보통행정과 각각 구분한다.

　4. 한국 관리는 가히 통감의 뜻과 같이 임명한다.

　5. 가히 통감이 추천하는 일본인은 한국 관리로 임명한다.

　6. 통감의 동의가 없을 것 같으면 가히 외국인을 고빙하지 못한다.

　7. 갑진(광무 8년) 8월22일 조인한 한일협약 제1항에 한국정부는 일본이 천거한 1명을 재정고문으로 삼아 모든 재정사항과 관련되는 것은 일체 그의 의견에 쫓는다는 일을 이제부터 폐지한다 등으로 되었다. 약권 끝에 내각 총리대신 이완용으로 통감후작 이등박문이 조인한다고만 서명하였고 대한과 일본의 글자는 제기하지 않았다. 이등박문이 장차 체약하려고 할 때 구내각과 의논하려고 했지만 박세준과 이지용 등이 사양하면서 "우리들은 을사 5조약을 맺은 이후부터 위로는 황제를 우러러 뵐 수가 없고, 아래로는 국민들을 대할 수가 없어 제대로 허리를 펴 얼굴을 쳐들 수도 없는 형편이다. 또 오늘에 이르러 이안을 담당하는 것은 어렵다."고 하자 오직 이완용만이 애써 스스로 승인하여 응하니 마침내 성약되었던 것이다.

정미년(광무11년) 5

　　7적 등은 군정이 격변할 것을 염려해 일본인을 시켜 계엄을 배가하고 23각 대장을 불러 부대를 이끌고 훈련원에 모이게 했다. 가장 먼저 맨손으로 무예를 연습시킬 것이니 무기를 지니지 말도록 했다. 그런 다음 대병들이 군영을 떠나는 것을 엿보다가 틈을 노려 총포를 모두 거두었다. 제대의 병력이 훈련원에 이르러 시예를 마치자 은사금이 있다며 조에 따라 반포했다. 하사 80원, 병졸 50원, 그 밑이 25원이었다. 여러 대병들은 분노가 치밀어 지전을 찢어버리고 통곡하며 군영에 돌아갔는데 무기가 모두 없어져 모두 사방으로 흩어지고 말았다.

정미년(광무11년) 6

이등박문은 각 도에 전문을 보내 경관을 시켜서 서울에서 행한 것과 똑같이 속여서 진위대를 해산시키라고 했다. 기한을 정하여 같은 날 교장에 모이게 한 다음 총 등을 세워놓게 하고 먼저 수기를 연습시키며 박희하는 틈을 타 총 등을 모두 집어갔다. 이후 조칙을 반포했는데 군인들은 꼼짝 없이 당하는 바람에 어쩔 줄을 모르다가 각기 흩어졌다

양서지방과 관북지방은 의병 진영에 돌아가고 양호 이남 은 토비에 투입되는 사람이 많았다. 양서지방과 관북지방 은 의병이 사방에서 일어나면서 흩어진 군인들이 모두 합 세했다.

오직 안동과 원주의 양대는 먼저 기말을 알아차려 총을 가 지고 흩어졌기 때문에 일본군들이 괴로워하였다. 각도에 서 부대를 설치했기 때문에 도적질이 끊이질 않는데도 불구하고 해결할 수가 없었고, 또 술을 마시고 행패를 부리 면서 평민들을 못살게 굴었다.

따라서 지방에서는 그들을 이리나 호랑이같이 무서워했고 구적같이 미워했다. 그래서 그들이 해산됨을 무지한 소민 들은 알지 못하고 손뼉을 치며 서로가 즐거워했다.

그런 후 의병이 일어나 일존 군과 각축을 벌여 사망하고 부상을 입어 쓰러진 사람이 수천 수 만 명이 되자 부대를 설치하는 때보다 더 못했다고 하였다.

정미년(광무11년) 7

　　　이완용이 아들 이명구의 처 임씨는 임선준의
형인 대준의 딸이다. 이명구가 일본에 들어가 수년 간 유학
하는 사이에 시아버지인 이완용이 간통했다.

　그가 돌아온 어느 날 내실에 들어갔다가 이완용이 며느리
를 포옹하고 누워있는 것을 보고는 탄식하기를 "집과 나라
가 모두 망했으니 죽지 않고 어찌하겠는가?"라며 자살했
다. 그 후 이완용은 며느리를 독차지하고 부끄러움 없이 첩
같이 여겼다고 한다.

　민형식은 즉 민긍식으로 그의 첩 소생의 딸과 결합하여
함께 살면서 어린아이를 낳았다. 민형식은 이미 3명의 아
들이 있었는데 아기를 안고 손님에게 자랑하며 말하기를
"점쟁이가 내 운명을 보고 4명의 아들을 둔다고 했다. 그런
데 이놈을 얻어 그 수를 채우게 되었으니 점쟁이 말이 신기
하다"고 하였다.

　고판서 홍종원의 조카 아무개는 과부로 사는 사촌누이와
간통하여 첩을 만들고 아이를 낳았다. 이것은 두드러지게
소문나 있는 것들인데 그 밖의 자질한 일들은 모두 기록할
수가 없다.

명성황후능

매천야록

정미년(융희 원년)

정미년(융희원년) 1

(8월)일본군 백 여 명이 군기 28마리를 싣고 강원도로 향했다. 그때 강원도 두메에는 의병이 날로 치열하여 지방수령들은 모두 도망가고 벼슬자리가 비워있던 곳이 모두 19개 군이나 되었다. 처음 군대해산을 논의할 때 일본군 사령관이 장곡천호도는 "급히 서두르면 격변이 있을 것이 염려스럽고, 늦추어 수년을 끌게 되면 절함은 있어도 보함은 없으니 가히 이빨이 빠지는 것을 어찌 대기하고 있겠소. 우리 백성은 연약하니 우려할 것이 없다는 것을 보장하겠소."라며 애써 고했다. 의병이 일어나고 해산된 대병들이 사방에서 단합하면서 뜻밖에 일을 당하여 박멸하기 어렵게 되자 일본인은 송병준을 허물하였다.

정미년(융희원년) 2

　　그리스도교 청년회관이 낙성되었다. 회관을 상
량하매 황태자가 다녀갔으며 천히 상량한 연월을 쓰고 돈
1만원을 내렸다. 일본인 목하전종 태랑이 2만원을, 미국정
부가 10만원을 기부하였다. 회관이 낙성되자 건물의 높이
가 산 같았으며 종현의 교회당에 함께 우뚝 솟아 남북으로
맞아서면 장인에서 제일 높은 건물이 되었다. 예로부터 공
사관청건물인 집에 그만한 것이 없었다고 한다.

정미년(융희원년) 3

　　이완용의 사진이 미국에 흘러들어갔는데 청국
상인 한사람이 크게 꾸짖어 말하기를 "이 사람이 한국을
망친 7적의 괴수이다. 내가 비록 우방사람이지만 어찌 상
대하겠는가?"라며 찢어버렸다.

　또 우리나라 사람으로 뉴욕에서 떠돌아다니며 거지생활
을 하는 사람이 있었다. 그는 은돈 10원을 모았는데도 불
구하고 굶주림을 참아가며 날짜를 보냈지만 1문만도 쓰지
않았다. 그 이유를 어떤 사람이 묻자 거지는 "이완용이 죽
었다는 소식을 들을 것 같으면 부의금을 내려고 하는데 어
찌 가히 낭비를 하겠는가?"라고 하였다.

정미년(융희원년) 4

(12월) 측량법을 시행하고 임야법령을 반포하였다. 그 법은 국유, 공유, 사유로 분류하여 세 층으로 삼았다. 궁장과 둔전의 종류같은 것을 국유라 말하고 교궁, 이청, 동계의 물건 등을 공유라 하였으며 상호 매매할 수 있는 땅을 사유라고 하였다.

국유재산은 탁지부에서 측량을 담당하고 공유재산은 군청에서 측량하며 사유재산은 지주가 측량하되 먼저 산림부터 시행하여 경술 4년 겨울까지 기간을 정했다.

전야나 가옥은 기한에 여유를 두었으며 양법도 같았다. 넓이를 기산하되 정·반·묘·평·보·홉·작의 이름이 있었다, 기록은 사지를 기록하고 매 1구의 각 네 본을 그려서 2본은 농부에게 바치고 1부는 지주 갖고 있고, 1부는 양수가 보관하여 서로 증빙케 하였다.

그러나 일본에게 빼앗기는 것이 두려워 각자 사람들에게 모아서 서울에 올라가 측량법을 배웠는데 일시에 쌀이 품귀하게 되었고, 그 기계가 경비를 써가며 일본에 직접 들어가서 사들여왔으며 1좌에 35원에 이르렀다, 무려 10배의 이득을 취했다.

이에 서울에는 측량사무소가 있었고 측량총관회가 있었으며 각 도와 지회가 있었다. 또한 신문사에서는 날마다 정보를 알려주면서 먼저 측량할 것을 권유하였다.

그러나 그 기술을 배우는 자는 다투어 돈을 빌려 급하게
서둘지 않았다, 지주 또 한 돌이 많고 메마른 진황지는 이
득이 적었기 때문에 측량을 위해 들어가는 돈이 땅값보다
높아 종종 포기했는데 "법에 맡길 테니 빼어가든지 말든
지."라고 말했던 것이다.

대개 측량비를 정한 규칙이 없고 매 만평 당 1원, 혹은 2
원으로 서로 버티다가 결정하지 못하였다. 그러므로 기한
인 경술 겨울에 이르기까지 측량을 마친 사람은 10분의 1
도 안되었다.

제 **7** 권

매천
야록

무신년(융희2년)

무신년(융희2년) 1

(1월) 송병준이 진황지를 일본인에게 간척할 것을 허락했고, 이완용은 또한 역둔토를 일본인에게 주었다. 일본정부가 우리나라에 이민을 보내려고 자국에서 주금을 모집했는데 이것이 이른바 척식정책이었다.

송병준 등은 이들을 맞아 회식을 하고 토지로써 아첨을 떨었다. 지난해에 이윤용이 일본에 들어가서 일본인은 척사 모금의 방도를 의논했는데 그 자리에서 이윤용은 "우리나라는 본디 빈한해서 응모할 것이 없으니 원컨대 역둔토로써 대신하겠다."고 하자 일본인은 "그렇다면 조인하여 승낙하라!"고 하자 이윤용이 기뻐했는데 그것은 그의 형제가 의논하여 정한 것이었다고 한다.

이때 조장에 6백만 명이 이민을 와서 산다는 설이 있었는데 전국연해에 배로 싣고 와서 퍼뜨리고 바다로부터 강을 들어와 배에 싣고 흐트러뜨렸다. 그러자 연해하천으로 가히 배로 갈수 있는 곳엔 일본인이 없는 곳이 없었다.

무신년(융희2년) 2

　　러시아 영내에 들어가 살고 있는 우리 국민들
이 해삼위에 신문사를 창사하고 강지연을 주필로 초빙하였
으며, 신문사 이름을 '해조신문' 이라고 했다. 강지연은 날
카로운 입으로 일본을 배척하여 그의 숙분을 펴자, 일본인
은 크게 분노하여 내무에 명하니 금지시켰다. 또 일본인은
장지연을 끌어오려고 먼저 그의 아들을 수금하자 그는 상
해로 간 뒤 1년 남짓 있다가 환국했다. 환국 후 그는 오래
되어 풀려났다.

무신년(융희2년) 3

　　(2월) 장인환과 전명운이 미국 샌프란시스코에서 미국인 스티븐을 살해했다. 처음 스티븐은 구미일본공관에 고용되어 충실하여 많은 사랑을 받았다.

　그러다가 우리 외부의 고문관이 되면서 일본을 이롭게 하고 한국을 해치는 짓을 알선하지 않는 것이 없었다. 그러다가 자국으로 돌아가서 한국은 일본보호를 요구함은 진정에서 우러나온 뜻이라고 떠들어댔으며, 또 우리나라를 온갖 수단으로 헐뜯고 더럽혔다. 이에 통분함을 참지 못한 장인환 등은 샌프란시스코에서 머물면서 그를 암살할 것을 모의했다.

　장인환 등은 그가 기차에서 하차하는 것을 포착해 권총으로 저격하여 즉사시켰다. 그가 죽자 미국 사람들도 그것을 의롭게 생각하여 법으로 다스리는 것도 관전(너그러운 법전)을 쫓았다.

　그러나 장인환은 징역 15년을 전명운은 완전 석방되었다. 그것은 장인환이 스스로 저격했다고 하면서 다른 사람들을 끌어들이지 않았기 때문이다. 장인환과 전명운은 모두 평양사람이다.

 무신년(융희2년) 4

의병이 통감부에서 투서하여 여러 가지 일을 요구하였다.

첫째 태황(고종)을 복위할 것.

둘째 통감은 철수하여 귀환할 것.

셋째 일본 관리를 파할 것.

넷째 외교권을 돌려줄 것 등이었다.

당시 우리나라 사람으로 통역을 하는 자가 애매한 사람들은 무고하여 죽이고 약탈함이 외국 침입자보다 더 심해 사람들은 그들을 "토왜"라고 하였다. 경상북도 금전시 1구에서 사망자가 백여 명에 이르렀다고 한다.

무신년(융희2년) 5

　김윤식이 가묘에 세고 하여 시제와 절사를 폐지
하고 단지 봄과 가을 끝 달에 시제로 향하기로 하였다. 또
여러 사람에게 통고하고 과부된 외손녀를 개가시키고 그의
아들 유증이 아들이 없어 죽었지만 적파의 손자뻘 되는 이
를 버리고 서종질의 아들로 대를 이었다. 사람들은 그를 가
리켜 "정말로 개화되었다."라고 했다.

# 무신년(융희2년) 6

　　여영조와 바대원이란 자는 허위와 총죽구교(죽
마고우)인데 하루는 허위가 숨어있는 곳을 방문하자 그를
의심하며 말하기를 "자네는 나를 결박하려고 하는가?"라
고 했다. 말이 끝남과 동시에 두 사람은 눈물을 흘리며 귓
속말을 하더니 갑자기 일본군이 돌입하여 사로잡았다. 두
사람은 일본인이 많은 돈을 주겠다고 궤사(교묘하게 속임)
를 행한 것이다. 이미 허위를 잡았기 때문에 25원을 지급
했다.

무신년(융희2년) 7

　(7월) 사찰재산보호령을 반포했다. 일본 풍속은 원래 승려를 존경하는데 이들은 우리나라에서 있으면서 역시 보호하려고 힘을 쏟았기 때문에 승려들은 그것을 알고 횡자(제멋대로 함)가 말로 심했지만 평민들은 감히 대항하지 못했다.

　통감부에서 위촉하여 이런 명이 있었다. 그런데 종종 스스로 학교를 설치하고 예술을 익히게 하였다. 그러나 간사한 승도들이 치장(부엉이가 날개를 활짝 편 것처럼 굳세고 거침이 없음)하여 계율이 탕연하여 사람들은 우리나라가 망하기에 앞서 석씨(불교)가 먼저 망한다고 하였다.

무신년(융희2년) 8

　　의병장 이강년이 7월에 체포되었다. 이겨년은 문경에 살았는데 의병을 일으킨 이래 간관(길이 험하고 가기 어려운 모양) 수 십 년에 남도 국민들은 그의 충의에 감복했고 일본인 또한 그의 지략과 용기를 두려워하여 현상금을 걸었다가 체포했던 것이다.

　　허위와 이강년은 차례 패하여 의민들은 사기가 저하되었다. 이 때 김태원은 이미 패하여 사망하였고, 이석용은 임실에서 의병을 일으켰고 안재홍은 보성에서 의병을 일으켜 보두 약간의 참획은 있었지만 두려워하여 쫓겨 다녔기 때문에 군을 창설할 수가 없었다.

　　문태수는 호령사이를 왕래하며 적은 수자로 많은 일본군을 잘 공격했지만 살상하는 사람이 많아서 큰 피해는 주지 못했다.

무신년(융희2년) 9

척식위원 등이 많은 일본으로 건너갔다. 일본인
들은 미이 척식을 도모하였으며 거짓으로 우리 국민을 맞
아 그 회의에 참석시키게 했으며 정부는 각도에 영을 내려
지방에서 덕망 있는 한두 명을 뽑아 들여보냈다.

동경에서 회의를 개최하였는데 그 회의 조목에 매매. 대
차. 경영. 관리. 건축. 이주. 분배 등속들이 있었다. 그러나
이것들은 모주 조삼모사로서 등을 치고 목을 잡으려는 술
책이었다. 여러 사람들은 모두 옳다고 했지만 오직 전남위
원 박원규, 김형옥, 황해위원 김영택은 목숨을 내걸고 항의
하여 그 의논이 조금 늦춰졌다.

일본인은 강제로 행하지 않겠다고 약속하고 정부에 서신
을 띄워 의지하여 지키도록 하였다. 원규 등이 이미 돌아오
자 당시 사람들은 황해위원 오현군, 평남위원 배순흠과 황
업, 평북위원 이윤실과 이택원, 함남위원 조근호, 함북위원
손서현과 한홍석을 박원규 등의 세 사람과 덧붙여 12활불
(살아있는 부처)이라고 하였다.

무신년(융희2년) 10

　　미국인 우낙월과 여의사 헐씨가 평양에 맹녀학
교를 설치하고 눈먼 소녀들을 모아서 가르쳤다. 이때 비로
소 침수를 가르쳤으며 교과서까지 발간하였는데 국문, 성
경, 지지, 음악, 산술 , 재봉, 가정학, 저술법 등의 과목이다

무신년(융희2년) 11

이종호, 윤치호, 안창호, 등이 평양에 대성중학
교를 세웠다. 이종호는 서울에 있으면서 10만원을 기부하
는 이미 협성학교를 세웠다. 무릇 교육과 관계되는 것은 매
우 빨라서 미치지 못하는 것 같았는데, 거의가 그 할아버지
이용익의 유지를 준수하였다고 한다. 우리나라의 중학이
있게 된 것은 이로부터다.

무신년(융희2년) 12

　　28일 의병장 허위가 살해되었다. 허위가 장차
교형을 당하게 됨을 알고 일본 중이 송경하며 그의 명복을
빌자 허위가 화를 내면서 "충의의 귀신은 스스로 응해서
신선이 되어 올라가든지 지옥으로 떨어지든지 하는데 어찌
원수인데 중놈을 자탁해서 내가 도움을 인도해 달라고 하
겠는가?"라고 말했다. 일본군원이 유언이 있느냐고 묻자
그는 "대의를 펴지 못했는데 어찌 유언이 있겠는가."고 하
였다. 뒤이어 시신을 거둘 사람이 있느냐고 묻자 그는 "시
체를 어찌 족히 거둬가겠는가? 이 감옥에서 썩어문드러지
게 하는 것이 좋겠다."고 오히려 빨리 죽이라고 호령했다.
신보사에서 보고 기록하여 말하기를 "태양이 빛이 없으며
보는 자는 눈물을 흘리지 않음이 없었다."고 하였다. 옥졸
두 사람은 허위와 이가연의 죽음을 보고 원통함을 참지 못
해 모자를 찢고 물러나왔다고 한다.

비밀결사단체 의열단

제 **7** 권

매천야록

기유년(융희 3년)

기유년(융희3년) 1

　　(1월) 27일 순종이 서쪽 순행 길에 올랐다. 평양을 지나 의주까지 이르렀다가 2월3일 서울에 돌아왔다. 이재각과 임선준을 유도대신으로 삼았고, 이완용 이하 각부 대신들은 모두순종의 순행에 따라갔는데 의종의 성황이 남순 때보다 더 성황을 이루었다.

　순종이 평양에 도착했을 때 송병준이 함께 승차하였으며 순종이 승차한 칸과 한 간 떨어져 타고 있었는데, 시종무관 어담과 다투다가 칼을 빼어 어담을 내려치려고 하였지만 다른 사람이 칼을 빼앗아 막았다.

　여러 사람들은 송병준이 임금 곁에서 칼을 빼었으니 눈에 군부도 보이지 아니한다며, 성토하는 것이 계속되었지만 송병준은 마침내 탈이 없었다.

　개성 환영대 곁에서 순종이 도착하기 하루 전에 폭탄이 터졌는데 사람들은 이등박문을 죽이려는 음모에서 나온 것이라 하였다.

기유년(융희3년) 2

　　가옥세, 주세, 연초세를 반포하여 실행케 했다. 본년의 수입예산은 가옥세가 21만여 원, 연초경작세가 21만5천원이고 판매세가 7만여원, 주세가 16만3천여 원이다.

　비록 주점이 아니더라도 몇 집을 모아 한 덩어리로 삼아 1년에 두 차례 징수를 했다. 이때에 일본군은 의병을 쫓아 전국에 퍼져있으며, 또한 각 군에서 수비대, 경무청, 재무서, 헌병청, 토벌대 등이 있었는데 모두가 일본인으로 구성되어 있었다.

　쌀과 닭과 계란과 소를 징수해 가고 고기, 과일, 삼, 솜 등 각종 물품에 까지 미치며, 모두가 일본인을 파견하여 가둬가되 혹은 절반은 혹은 3분의1을 빼앗아갔다. 그렇지만 국민들은 호소하지도 못했으며 국민들의 생활고는 더더욱 나빠졌다.

기유년(융희3년) 3

　　송병준이 순종 곁에서 칼을 빼어들었다고 하여
대동협회는 정부에서 연서를 올리고 각 도의 유생들은 통
문 헌의하여 성토함이 전국적으로 퍼졌다. 이등박문은 그
소식을 들었으며 또 송병준이 한국인의 야소교도들을 헐뜯
어서 미국영사가 크게 분노하여 외교문제를 야기한 것이
징계에 영향을 미쳤다.
　　따라서 이등박문은 송병준을 갈아치워서 중심을 위로하
고자 했다. 그가 교도들을 헐뜯었다는 내용은 내국의 교도
들이 장차 미국 선교사를 움직여 선교사를 움직여 미국의
선동을 얻기 원하여 일본의 굴레에서 벗어나려고 한다는
것이었다.

기유년(융희3년) 4

　　희천에 사는 홍기협은 스스로 측량기를 만들었
고, 자명종을 만들어서 사람들은 그의 기술에 감복했다. 당
시 측량을 사용한 것은 이미 오래 되었지만 백성들에겐 별
관심이 없었다.

　그 이유는 배우려는 사람 역시 측량기 값이 너무 비싸 엄
두도 내지 못해 그저 한탄만 했다. 일본인들이 측량기를 판
매하는 자들은 국내의 모든 돈을 긁어보았는데, 그것은 몇
조각의 목편에 지나지 않은 것이 값이 70원에 이르렀기 때
문이다.

기유년(융희3년) 5

　(7월) 고 최익현의 문생들의 그의 문집을 간행
했다. 그러자 일본인은 그 소식을 듣고 포위하고 수색하여
그의 소차와 일본을 토벌하라 문자가 들어있는 책자를 무
두 빼앗아 갔다. 그것은 자국정부의 사주에 나온 것이다.
그들의 소행으로 잔결(일부분이 빠져 있어 완전하지 못함)
하게 되어 널리 읽혀지지 못했다.

기유년(융희3년) 6

　(8월) 이완용은 5조의 서약을 맺은 뒤에 민심이 온전하지 않아서 각도에 시찰원을 파견하여 살피도록 하였다. 먼저 정만조를 전라선유사로 삼았는데 그는 일본인을 대동하고 내려갔다.

　광주에 도착해 백성들을 모아놓고 "황태자는 영명하시어 이웃나라에 유학을 가셨고 국가가 중흥할 것도 머지않았으니, 여러분들은 안심하고 각자 업에 종사하며 태평시기를 기다리라"고 하자 모두들 입을 삐죽거리면서 가버렸다. 정만조는 몹시 무료해서 얼마 되지 않아 슬그머니 서울로 올라왔다.

기유년(융희3년) 7

일본인은 금강유역을 주목하고 그 나라 농민들이 모여들어 다투어 서로 땅은 사들여 전북, 충남에서 1년 만에 사들인 땅이 논은 14만3십6두락이고, 밭이 1만2천9백17두락이며, 갈대밭과 진황전이 2만6백2십5두락이고, 염전이 7백9십9개소로서 날마다 먹어들어 왔는데 제한하여 억제하지 못했다.

일본농부들은 매일 들 가운데 한 구역을 점령하면 문득 위협하여 사방의 물줄기 위를 막아서 물이 다른 데로 흐르지 않게 했다. 날이 가물면 다른 사람의 밭을 끊어 스스로 물을 대며 조금이라도 저항하는 기색이 있으면 주먹으로 때리고 발길로 찼다.

이로 말미암아 우리나라 농민들은 대개가 손해를 입었으며 하는 수 없이 일본인에게 싼값으로 땅을 팔고 다른 곳으로 이사를 갔는데 이런 경향이 날로 더 많아지면서 일본인은 땅을 점령하였다.

일본인이 농사를 시작함에 자기 나라의 방법을 써서 농사를 지었지만 토지가 달라서 우리나라 사람들의 수확에 미치지 못했다. 이에 종종 우리의 풍속을 쫓았다.

기유년(융희3년) 8

　　제주도가 몹시 시끄러웠다. 당초 제주도민들은
어채에 종사하며 살았는데 일본인이 수산을 관리하면서부
터 백성들은 이득을 잃었다. 특히 군수가 20세 이상 60세
까지의 백성들을 모두 뽑아 청?일 전쟁터에 끌고 가서 일
을 부려먹은 뒤에 죽인다는 유언비어가 퍼져다. 따라서 민
심이 흉흉하여 사람들은 닭과 돼지를 잡아 술만 퍼마셨다.
혹은 땅을 팔아서 술값으로 날리기도 했고 산정에 올라가
슬피 외치며 떨어져 죽었으며, 학교의 생도들도 이에 일본
인의 교감을 축출하였다. 서로 격문을 발하여 머무르고 있
는 일본인을 토벌하여 섬멸할 것을 기약했다.

기유년(융희3년) 9

    26일 (음력 9월13일) 안중근이 만주 하얼빈에서 이등박문을 살해했다. 안중근은 갑산에서 태어났으며 떠돌아 살아서 일정한 곳이 없었다. 이제 평양사람이 되었으니 나이가 31세로서 이등박문을 죽여서 국치를 씻으려고 암암리 계획을 짠 것이 이미 수년이나 되었다.

  금년 봄에 동지들과 맹세하며 말하기를 "금년에 능히 이 도적놈들을 죽이지 못한다면 마땅히 자살할 것을 맹세한다!"라고 하였다. 여름과 가을 사이에 이등박문이 장차 만주를 순회한다는 소식을 듣고 해삼위로부터 급히 이르니, 마침 이등박문이 하얼빈에 이르러 러시아 관원과 상격하기로 약속하고 바야흐로 그가 차에서 내릴 때 안중근은 러시아병과 섞여서 권총을 연발했다.

  3발을 쏘았는데 3발이 명중하고 이등박문은 차에서 떨어졌으며 병원으로 옮겼지만 30분 만에 죽었다. 권총 한번에 6발이 안달아 나갔는데 4발은 호위하던 일본인이 맞았지만 죽지는 않았다. 이등박문은 오른쪽 복부를 맞아 등까지 미쳤다. 하루가 지나지 않아서 전파를 타고 동서양에 퍼지니 세계 각국은 모두 놀라며 "조선에는 아직도 사람이 있구나."하였다고 한다. 안중근과 공모자 10여명이 모두 체포되었는데 웃으면서 말하기를 "우리의 일은 이미 성공하였지만 죽은 것은 누가 알아주리오."라고 하였다.

그 보도가 서울에 이르자 사람들은 감히 통쾌하다고 칭송하지 못했지만 모두 어깨를 치켰으며 각자 깊숙한 방에서 술을 마시며 기뻐하였다. 이완용, 윤덕영, 조민희, 유길준은 양궁의 명으로 속여서 바로 대련에 나아가 조위를 표했다.

순종은 통감부에 가서 친히 조위를 표하고 이등박문에게 시호를 주어 문충공이라고 하였고 제전비 3만원을 내주었으며, 그의 유족에게 10만원을 주었다. 이학재 등은 이등박문의 송덕비를 세울 것을 건의했고 민영우는 동상을 세우자고 하면서 미치광이처럼 분주하게 서두르니 일본인은 영을 내려 그만두라고 하였다. 이등박문의 처는 매자이고 아들의 이름은 박방이다.

기유년(융희3년) 10

　　순종은 민병석을 차출하고 태황(고종)은 박재빈을 차출하고 김윤식은 원로대표로서 모두 일본에 건너가게 되었다. 그때 일본조정은 크게 놀라고 슬퍼하며 국장으로 이등박문의 장례를 치렀다. 그의 암살에 일본인의 분노가 가라앉지 않아서 조수가 밀려드는 것 같았고 불꽃이 타오르는 것 같았다.

　민병석 등이 도착하는 것을 보고 미련한 백성들은 지해하며 분함을 참지 못하여 복수하려고 했지만 일본 관원들의 경호로 무산이 되었다. 황태자는 이등박문이 일찍이 태사가 되어 사복 3개월을 입었다. 안중근은 여순 일본 감옥에 갇혔는데 이등박문은 죽기 수일 전에 산소에게 "다른 사람에게 암살당하는 것이 내가 바라고 있는 것이다."라도 하며 그의 말이 들어맞았다고 하였다.

기유년(융희3년) 11

　　안중근과 연루되어 구속된 사람은 무두 9명이다. 그들은 홍원 사람 조도선, 서울 사람 우연준, 명천 사람 김여생(수), 풍기 사람 유강로, 서울 사람 정대휴(호)와 김성옥, 경북 사람 김구담, 하얼빈에 있는 김형재, 함남 사람 장공경(탁공주) 등이로 무두 나아가 30여세 안으로, 이중에 김성옥이 29세였고 유경로가 18세였다고 한다.

　안중근의 아우 정근은 나이가 28세로 서울 양정의숙에서 수학했고, 태(공)근은 나이가 24세로 진남포 보통학교 부훈도로 있었다. 그러나 안중근의 사건을 듣고 스스로 면직하거나 자퇴했다.

기유년(융희3년) 12

　　일본은 법권을 탈취한 이후 일본 관리들은 우리 나라 사람의 고장에 강제로 명치연호를 사용했다. 그러자 평양 변호사 안병찬은 공박하여 말하기를 "일본인은 우리 한국의 위탁을 받고 법권을 대신 담당한다면 관청은 비록 일본 관청이라고 하지만 사법은 우리 한국의 사법인데 어찌해서 그 사법을 행하는데 그 연호를 빼앗는가?"라고 하자 일본인들은 감히 말하지 못하고 한국인 소자에 융희를 사용하는 것을 허락했다.

기유년(융희3년) 13

　　송병준은 일본에 체류하면서 아직까지 돌아오
지 않았다. 이용구, 서창보, 이학재, 최정규 등과 함께 서로
연락을 취했다. 그러면서 "한국인은 끝까지 회유하기는 어
려기 때문에 속방으로 끌어들여 진정하는 것만 같지 못하
다."하고 합방선언서를 작성하여 일본정부에 바치니 이에
합방문제가 크게 일어나기 시작했다

기유년(융희3년) 14

　　23일 음력 10월 11일 정사일, 이재명이 이완용을 칼로 찔렀지만 그를 죽이지 못했다. 이재명은 평양사람으로 나이가 33세이며 6년 전에 미국으로 유학했다. 귀국 후 항상 국치를 생각하였지만 분함을 풀길이 없었다.

　그러던 중 합방론이 일어나자 이재명은 탄식하며 "이용구는 불가불 죽여야 하지만 이미 저지른 화의 근본을 생각하면 이완용이 저지른 것이다."라며 말하고 당초 계획을 변경하였다.

　마침 이완용이 벨기에 황제가 죽어서 종현교당에서 열리는 추도회에 나가게 되었다. 이때를 놓치지 않고 이재명은 관 밖에서 엿보고 있다가 이완용이 인력거를 타고 나오는 순간이었다.

　이재명은 칼을 휘두르며 인력거꾼 박원문을 잡고 먼저 찔러 쓰러뜨리고 껑충 뛰어올랐다. 이완용이 빨리 피하려 할 때에 연달아 허리와 등 모두 세 곳을 찔렀다.

　순사들이 이재명을 찔러 인력거에서 떨어뜨리고 이완용을 마주 들고 돌아갔다. 이완용은 머리를 깎고 양복을 입어서 붙잡기가 불편했고 융전으로 두껍게 입어서 능히 급소를 찌르지 못했다.

　양의를 불러 치료했는데 의사의 말이 칼이 폐부를 범했지만 다행이 살았다고 하였다. 이재명은 결박되어 탄식하며

"능히 이완용을 죽이지 못했으니 내 마땅히 이용구를 죽이겠다."고 하였다.

　이재명은 일이 발각되어 순사에게 체포되자 단도를 옥관에게 집어던지며 말하기를 "이 칼은 이용구를 죽이려는 물건이다. 그런데 이제 할 수 없게 되었으니 어찌할 것인가?"라고 말했다. 이때에 장안에 크게 놀랐으며 조중응과 박제순 등은 경계를 배로 하였다.

안중근 의사

매천
야록

경술년(융희 4년)

경술년(융희4년) 1

(1월) 호남 의병장 전해산이 광주에서 붙삽혔고 여암 의병장 정문칠은 영해에서 사로잡혔다. 이때 3남 의병은 차례로 패하여 종종 무기를 바치고 귀화하여 지방은 차츰 안정되었다. 그러나 일본군은 의병토벌을 빙자하여 애매한 사람들을 잡았다가 학대했는데 이때 잡혀 죽은 자를 모두 기록할 수가 없을 정도다.

경술년(융희4년) 2

안중근의 아우 정근과 공근은 여순에서 서울 변호사회로 글을 보내서 우리 한국변호사 한사람을 보내 후원해 줄 것을 바랐다. 하지만 서울 사람들은 서로 눈치만 살피다가 감히 출발하지 못했는데 평양 변소가 안병찬은 스스로 지원해서 10일에 길을 떠나 여순으로 향했다.

경술년(융희4년) 3

안중근의 모친이 변호사를 방문하러 평양에 도착했는데 그녀의 말과 안색이 의연하여 열장부(열사)와 같았으며 사람들은 그 어머님의 그 아들이라고 했다.

경술년(융희4년) 4

미국인들은 만주의 중립론을 들고 나왔으며, 일본을 억눌러 철도를 청국에게 돌려주라고 하였다. 영국과 독일은 채무를 부담할 테니 청국으로 하여금 일본에게 갚으라고 하였다.

대개 일본은 청일전쟁과 노일 전쟁에서 승리한 이래 국력이 급격히 강대해져서 동서양의 여러 나라들은 모두 그것을 미워하였다.

또한 일본이 만주를 점령할 것 같으면 패권의 형세가 편중하여 러시아가 꺼리는 경우가 되었기 때문에 미국인을 사주하여 국외의 언권을 주장했다.

경술년(융희4년) 5

　　일본은 예전 백동화폐를 금했다. 대개 구화는 크고 녹여서 새로 만들어 자면서 그치면 앉아서 10배의 이득을 보았다. 그래서 금했으며 이것들을 모아들여 신화폐를 만들었다.

　갑오년에 비로소 은화를 사용했으며, 1원이 엽전 다섯 냥이었는데 실제 가치를 지니고 있었다. 따라서 모두가 귀하게 여겼는데 얼마 되지 않아서 거두어 들여서 신화폐를 만들어 동전같이 되었다.

　한마디로 그들이 속여서 이득을 취하는 정도가 이와 같았다. 붉은 구화는 소 눈처럼 커서 반전으로서 사용했으며, 신화폐는 없어지게 되었다. 서울에서 떠돌던 민요에 "나를 죽인 자는 누구인고? 광무 2년이다." 라고 했는데 광무 2년부터 구화를 금지하라는 영이 내렸음을 말하는 것이다.

경술년(융희4년) 6

     순천민들이 시장 잡세에 항의하여 군아, 재무서, 우편국, 금융회 등을 모든 관서를 소각하고 일본인 취급소장 대야를 죽이고 얼굴을 찢고 사체를 불태웠다.

  또 머물고 있던 일본인을 무두 죽이니 무릇 9명이었고, 내국민의 사망자는 10여 명이었다. 이에 양서지방의 모든 군은 소식을 전해 듣고 선동하여 경보가 줄달았다. 일본인은 군대를 파견하여 계엄했으며 순천에 들어가 창괴를 살펴 잡으니 사경이 크게 소란하였다.(용천, 진남포, 증사, 태천, 선천, 박천 등이었다)

경술년(융희4년) 7

　　안중근이 하얼빈에 도착할 때에 시가를 지어 우
덕순과 동행하며 창화(시가를 서로 중답 함)하였다. 시가의
내용은 "장부가 처세함이여, 그 뜻은 큰 것이다. 때가 영웅
을 만들고 영웅은 때를 만드니 천하를 웅시(형세와 위엄을
펴고 남을 내려다 봄)함이로다. 어느 날 성업(생업으로 함)
할 것인가? 동풍은 점점 차가워 어찌 이 목숨을 부지하려
할 것이며 어찌 여기에 이르기를 헤아리겠는가! 시세가 원
래 그러하니 동포들이여, 속히 대업을 성취하고 만세만세
외치며 대한독립을 부릅시다!"고 하였다.

경술년(융희4년) 8

26일 안중근이 여순 감옥에서 피살되자 국내외 인들이 장하다며 그를 불쌍하게 생각했다. 처음으로 안중근은 이등박문에게 15죄목을 말했다.

1. 명성황후 민비를 시해했고
2. 광무 9년 2월에 장제로 을사보호조약을 체결했으며
3. 융희 원년 7월에 장제로 7조약을 체결했고
4. 태황제를 폐했고
5. 군대를 해산시켰고
6. 양민을 학살했고
7. 이권을 약탈했고
8. 한국교과서를 금지시켰고
9. 신문구독을 금지시켰고
10. 은행권을 발행했고
11. 동양평화를 교란시켰고
12. 일본천하를 기만했고
13. 교과서를 금지시켜 폐기시켰고
14. 일본효명천황을 시해했고
15. 궐했다 등이다.

일본인들은 안중근의 사진을 팔아서 많은 자금을 모았다고 한다.

경술년(융희4년) 9

　　안중근의 부인은 남편의 유언에 따라 하얼빈에
다가 장사 지내려고 했지만 일본인들은 허락하지 않았고,
여순 감옥 내 장지에다 장사 지내게 했다. 대개 안중근이
사형에 임할 때 "국권이 회복되기 전에는 고국의 산에다가
묻지 말고 하얼빈에 묻어, 남기고 간 슬픔을 풀도록 해달
라."고 부탁하였다고 한다. 서울 사람들은 안중근의 화상
을 사서 10여 일간에 천금을 벌었으며, 일본인은 그것을
금하게 하였다. 안중근은 그의 유시 두 구절에 말하기를
"장부는 비록 죽는다고 하지만 마음은 철같이 강하니, 의
사가 위험에 임하매 기상은 구금 같다."고 하였다.

경술년(융희4년) 10

　　이재명을 신문하여 일본검사 이등이 이재명을 교형에 처라고 김정익, 이동수, 김병록, 조창호는 15년간의 징역을, 오복원, 김낙선은 징역 10년에 박태은, 김용문은 징역 7년에 이학필 , 김이걸, 김병환, 이응삼 등은 징역 5년에 처했다. 이등은 많은 뇌물을 받고 반드시 죽일 것을 주장했다.

　이러나 이재명은 죽이려던 것이 미수에 그쳤기 때문에 인력거꾼 박원문의 죽음을 끌어들여 이재맹이 고의로 사람을 죽였다고 하여 드디어 살인형률을 적용했다.

　일본인 변호사 대기, 암전, 목미 세 사람이 모두 공박해서 박원문이 죽게 된 것은 오살이지 고살이 아니며, 이재명을 사형 죄에 처한다고 한다면 크게 법률의 본써 이재명을 죽일 수 있는 죄율이 없다고 하였는데 이중에 안병찬은 더욱 깐깐하였다. 사람들은 교수형에 처한다는 선고를 듣고 눈물을 흘리는 사람이 많았다.

경술년(융희4년) 11

당초 미국인 골불안이 전차회사를 건설할 때 이완용과 이윤용 등은 고종께 권하여 백만 원을 기부하여 돕게 했다. 그러자 이완용은 그 중에서 40만원을 사취하고 60만원만을 골불안에게 주었다. 골불안이 전찻길을 수선하자 고종은 또 70만원을 기부했다.

작년 골불안이 일본인에게 당 회사를 팔고 고종이 기부한 두 차례 기부한 금액을 대궐에 돌려주었는데 그것 또한 용에게 의탁해서 바쳤다. 주상은 골불안이 전차회사를 팔았다는 소식을 듣고 주었던 돈을 들여오다.

골불안은 옥새를 찍는 영수증 가져다 바치니 즉 태황재가 평일 사용하시던 네모난 조그마한 도장이었다. 대체적으로 옥새를 도용해 영수증을 주고 봉하려던 것이었다.

이에 태황재는 크게 노하여 그 근원을 조사하였다. 조남승은 그때 사환으로 있었는데 중죄를 질까 두려워하고 도망하였지만 붙잡혔다. 이에 괴 하나를 프랑스 영사관에 몰래 보관하고 있다는 것까지 말했다. 일본인은 프랑스인과 교섭하여 그 괴를 얻어서 열어보니 고종이 재위에 있을 때 외교문적과 각국의 문장이 모두 있었다. 조금 지나서 조남승은 석방되었다. 조남승은 오래도록 고종의 신임을 받았으며 또한 천주교도가 되었기 때문에 프랑스 교회당에서 밀치 할 수가 있었다.

경술년(융희4년) 12

(6월) 이때 산림측량기한이 박두하였지만 민간인들은 관망하면서 날자만 보냈다. 그러자 일본인들은 사발에서 뛰어나와 사사로이 측량하였으며 산림과 천택을 가리지 않았는데 한번 그들의 손을 거치면 이미 자기 것으로 인정하였다. 광주의 일본인은 무등산을 측량하려고 하였지만 군수 홍난유가 민중들을 격동시켜 재판소에 가소한 것이 무릇 12파나 되자 일본인들은 스스로 주춤하였다.

경술년(융희4년) 13

　　일본인이 중앙복음 전도관을 만들었다. 일본인
은 안중근, 이재명 등이 모두 예수교 출신이라 미워함이 더
욱 심했다. 그러나 이를 금하지 못하여 복음전도의 말을 만
들어 사람들에게 입교하라 권유하고, 국가의 흥망은 생각
지 말고 자기 집의 죽고 삶은 꾀하지 말며, 오직 한마음으
로 하늘을 믿으면 복음이 스스로 이른다고 하였다. 그것은
우리 국민의 충의의 기백을 없애 버려 허적의 영역으로 떨
어뜨리려는 것이었지만, 우민들은 그것을 알지 못했다. 이
때 일본이 교를 설치한 것이 있는데 그것은 신궁경의회, 정
통종, 신라교, 천조교 등이다.

▣ 정동호작가 공저▣

　□ 쉬운 목민심서
　□ 큰글 삼국지
　□ 큰글 초한지
　□ 큰글 수호지

총람
매천야록

초판 1쇄 인쇄　2020년 8월 10일
초판 1쇄 발행　2020년 8월 15일

편 저　정동호
발행인　김현호
발행처　법문북스(일문판)
공급처　법률미디어

주소　서울 구로구 경인로 54길4(구로동 636-62)
전화　02)2636-2911~2,　**팩스** 02)2636-3012
홈페이지　www.lawb.co.kr

등록일자　1979년 8월 27일
등록번호　제5-22호

ISBN　978-89-7535-853-1 (03910)

정가　24,000원